La grammaire française

Marie-Claire BAYOL
Marie-Josée BAVENCOFFE

SOMMAIRE

© Nathan 1995 pour la première édition - ISBN 2.09.176790-5
© Nathan, 2005 pour la précédente édition - ISBN 2.09.183197-2
© Nathan, 25 avenue Pierre de Coubertin, 75013 Paris, 2010 pour la présente édition - ISBN 978-2-09-161521-9

MODE D'EMPLOI

Divisé en six parties, l'ouvrage s'organise par doubles pages.
Chaque double page fait le point sur une compétence grammaticale.

à gauche

Une page explique la règle ou la notion grammaticale abordée dans la double page.

à droite

Une page précise la règle ou la notion grammaticale et propose des exercices dont les corrigés figurent à la fin du livre.

Un repérage par étapes : les grandes parties du livre.

Le titre de la double page.

Un exemple fléché illustre la règle.

Sur la page de droite, des cas particuliers, des exemples, des exercices permettent de mettre en pratique la règle.

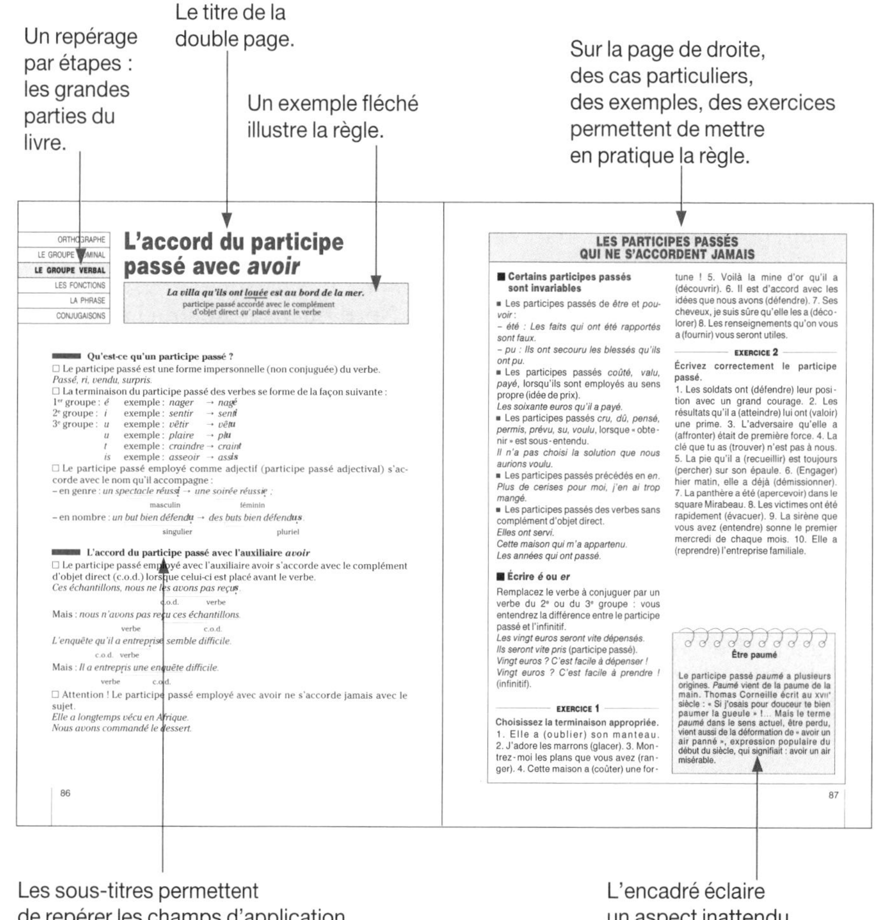

ORTHOGRAPHE
LE GROUPE NOMINAL
LE GROUPE VERBAL
LES FONCTIONS
LA PHRASE
CONJUGAISONS

L'accord du participe passé avec *avoir*

La villa qu'ils ont louée est au bord de la mer.
participe passé accordé avec le complément d'objet direct *qu'* placé avant le verbe

Qu'est-ce qu'un participe passé ?

☐ Le participe passé est une forme impersonnelle (non conjuguée) du verbe.
Passé, ri, vendu, surpris.

☐ La terminaison du participe passé des verbes se forme de la façon suivante :
1er groupe : *é* exemple : *nager* → *nagé*
2e groupe : *i* exemple : *sentir* → *senti*
3e groupe : *u* exemple : *vêtir* → *vêtu*
u exemple : *plaire* → *plu*
t exemple : *craindre* → *craint*
is exemple : *asseoir* → *assis*

☐ Le participe passé employé comme adjectif (participe passé adjectival) s'accorde avec le nom qu'il accompagne :
– en genre : *un spectacle réussi* (masculin) → *une soirée réussie* (féminin) ;
– en nombre : *un but bien défendu* (singulier) → *des buts bien défendus* (pluriel).

L'accord du participe passé avec l'auxiliaire *avoir*

☐ Le participe passé employé avec l'auxiliaire avoir s'accorde avec le complément d'objet direct (c.o.d.) lorsque celui-ci est placé avant le verbe.
Ces échantillons, nous ne les (c.o.d.) *avons pas reçus* (verbe).
Mais : *nous n'avons pas reçu* (verbe) *ces échantillons* (c.o.d.).
L'enquête qu'il (c.o.d.) *a entreprise* (verbe) *semble difficile.*
Mais : *Il a entrepris* (verbe) *une enquête* (c.o.d.) *difficile.*

☐ Attention ! Le participe passé employé avec avoir ne s'accorde jamais avec le sujet.
Elle a longtemps vécu en Afrique.
Nous avons commandé le dessert.

86

LES PARTICIPES PASSÉS QUI NE S'ACCORDENT JAMAIS

Certains participes passés sont invariables

▪ Les participes passés de *être* et *pouvoir* :
– *été : Les faits qui ont été rapportés sont faux.*
– *pu : Ils ont secouru les blessés qu'ils ont pu.*

▪ Les participes passés *coûté, valu, payé*, lorsqu'ils sont employés au sens propre (idée de prix).
Les soixante euros qu'il a payé.

▪ Les participes passés *cru, dû, pensé, permis, prévu, su, voulu*, lorsque « obtenir » est sous-entendu.
Il n'a pas choisi la solution que nous aurions voulu.

▪ Les participes passés précédés en *en*.
Plus de cerises pour moi, j'en ai trop mangé.

▪ Les participes passés des verbes sans complément d'objet direct.
Elles ont servi.
Cette maison qui m'a appartenu.
Les années qui ont passé.

Écrire *é* ou *er*

Remplacez le verbe à conjuguer par un verbe du 2e ou du 3e groupe : vous entendrez la différence entre le participe passé et l'infinitif.
Les vingt euros seront vite dépensés.
Ils seront vite pris (participe passé).
Vingt euros ? C'est facile à dépenser !
Vingt euros ? C'est facile à prendre ! (infinitif).

EXERCICE 1

Choisissez la terminaison appropriée.
1. Elle a (oublier) son manteau. 2. J'adore les marrons (glacer). 3. Montrez-moi les plans que vous avez (ranger). 4. Cette maison a (coûter) une fortune ! 5. Voilà la mine d'or qu'il a (découvrir). 6. Il est d'accord avec les idées que nous avons (défendre). 7. Ses cheveux, je suis sûre qu'elle les a (décolorer) 8. Les renseignements qu'on vous a (fournir) vous seront utiles.

EXERCICE 2

Écrivez correctement le participe passé.
1. Les soldats ont (défendre) leur position avec un grand courage. 2. Les résultats qu'il a (atteindre) lui ont (valoir) une prime. 3. L'adversaire qu'elle a (affronter) était de première force. 4. La clé que tu as (trouver) n'est pas à nous. 5. La pie qu'il a (recueillir) est toujours (percher) sur son épaule. 6. (Engager) hier matin, elle a déjà (démissionner). 7. La panthère a été (apercevoir) dans le square Mirabeau. 8. Les victimes ont été rapidement (évacuer). 9. La sirène que vous avez (entendre) sonne le premier mercredi de chaque mois. 10. Elle a (reprendre) l'entreprise familiale.

Être paumé

Le participe passé *paumé* a plusieurs origines. *Paumé* vient de la paume de la main. Thomas Corneille écrit au XVIIe siècle : « Si j'osais pour douceur te bien paumer la gueule » !… Mais le terme *paumé* dans le sens actuel, être perdu, vient aussi de la déformation de « avoir un air panné », expression populaire du début du siècle, qui signifiait : avoir un air misérable.

87

Les sous-titres permettent de repérer les champs d'application de la règle.

L'encadré éclaire un aspect inattendu de la notion grammaticale.

Les origines du français

La langue française, telle qu'on la parle aujourd'hui, est l'aboutissement d'une longue évolution. Elle fut tour à tour influencée par les Gaulois, les Grecs, les Romains, les Germains.
Elle s'est aussi construite sous l'impulsion des différents dirigeants du royaume.

Le gallo-romain

Les Gaulois étaient une fraction du peuple celtique, et leur langue fut parlée jusqu'à la conquête romaine par César (de 58 à 52 av. J.-C.). La langue moderne a retenu quelques noms gaulois, la plupart ayant trait à la vie rurale (chemin, dune, glaise, lande...).
Le latin que les Gaulois apprirent au contact des soldats et fonctionnaires romains se transforma peu à peu et reçut le nom de langue romaine rustique ou roman.

Les Francs

Ce sont les Francs, derniers envahisseurs germaniques, qui donnèrent son nom à la France. Ils ne réussirent pourtant pas à lui imposer leur langue. Ils ont laissé des mots relatifs à la guerre (blesser, guerre, guetter, hache...), aux sentiments guerriers (haïr, honte, orgueil...), et à l'agriculture (gerbe, haie, jardin...).

L'ancien français et le moyen français

Le roman était divisé en dialectes, ceux du Nord qui avaient subi l'influence des Francs (« oui » se disait *oïl*), et ceux du Midi qui avaient subi l'influence romaine (« oui » se disait *oc*). C'est le dialecte parlé dans l'Île-de-France, le francien, qui domina les autres dialectes à partir du XVe siècle, et qui a donné le français. Les rois capétiens étaient seigneurs d'Île-de-France, et Philippe Auguste avait fait de la ville principale, Paris, la capitale.

La Renaissance

Les guerres d'Italie de la fin du XVe siècle, puis la reine Marie de Médicis, amenèrent à la cour de France tout un vocabulaire militaire (alarme, embuscade, escadron, sentinelle...) et artistique (arcade, balcon, sonnet, fresque...). Le rôle de l'Académie française, fondée par Richelieu en 1634, fut de réglementer la langue et la littérature française, et son premier dictionnaire parut en 1694. À partir de 1714, date du traité de Rastadt (rédigé en français), la langue française devint la langue de la diplomatie. Au XVIIIe siècle, la langue française s'est enrichie de nombreux mots anglais (meeting, budget, club, humour...).

L'évolution de la prononciation et de l'orthographe

Jusqu'à la Révolution, peu de Français savent lire et écrire. Or, la langue parlée, ne possédant pas de règles strictes, se transforme, et la prononciation ne cesse d'évoluer. Quant à l'orthographe, elle varie d'un imprimeur à l'autre. La langue écrite est trop peu répandue pour que l'on s'attache à la codifier. À partir de la Révolution, et surtout au XIXe siècle, les écoles se multiplient et l'orthographe devient une discipline d'enseignement. En 1835, l'orthographe de l'Académie devient obligatoire et officielle.

LES LANGUES RÉGIONALES

Le français est la langue commune. Toutefois, sept langues régionales sont encore comprises et parfois parlées en France.

Voici comment s'écrit « mon tailleur est riche » dans chacune de ces langues régionales.

Minner schnieder isch risch.
Alsacien, 1 million de locuteurs.

Ene dendaria aberatsa da.
Basque, 80 000 locuteurs.

Pinvidik eo va c'hemener.
Breton, 400 000 à 800 000 locuteurs.

El meu sastre es ric.
Catalan, 200 000 locuteurs.

U me taillore e ricchu.
Corse, 130 000 locuteurs.

Myn kleesmacker ess rycke.
Flamand, 80 000 locuteurs.

Lo meu talhur es ric.
Occitan, 2 millions de locuteurs, 13 millions d'Occitans.

Les francophones

On compte 90 millions de francophones dans le monde, dont 60 millions en Europe, 12 millions en Amérique et 18 millions dans le reste du monde. Le français est la langue officielle dans beaucoup de pays d'Afrique (Bénin, Burundi, Cameroun, Côte-d'Ivoire, Gabon...) et langue subsidiaire dans les pays d'Afrique du Nord (Algérie, Maroc, Tunisie) et à Madagascar.

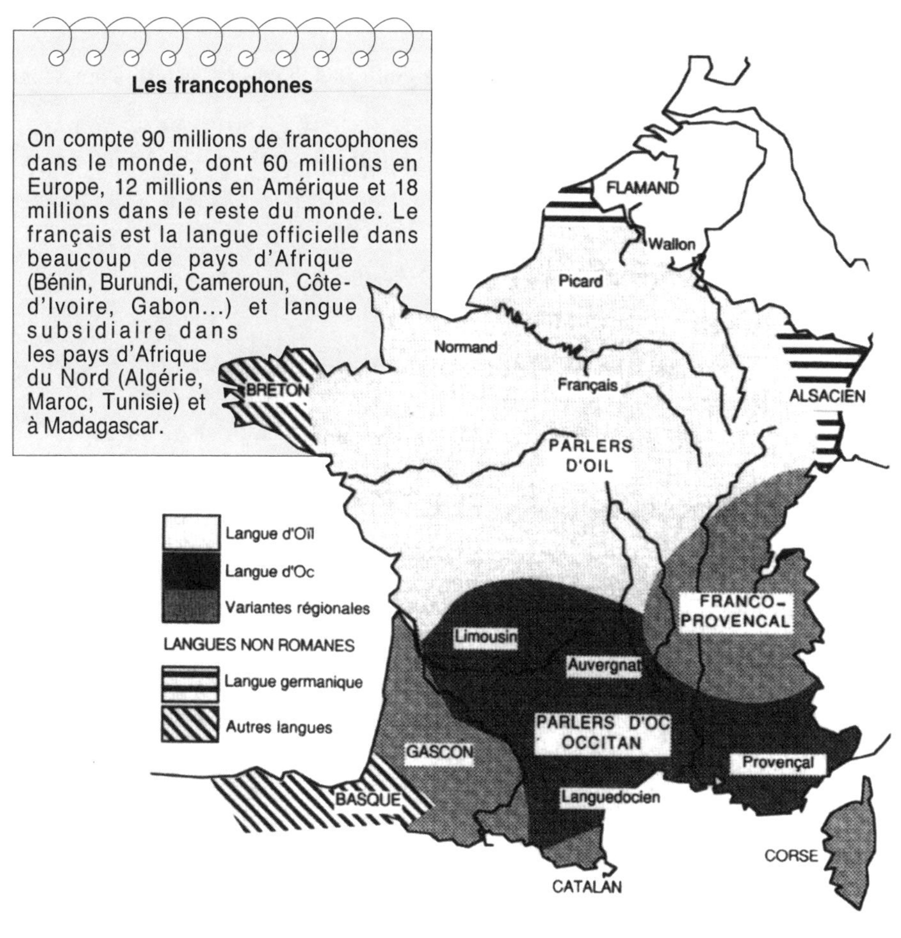

L'alphabet graphique et les symboles

L'alphabet graphique rassemble l'ensemble des 26 lettres qui permettent d'écrire en français. Il est emprunté au latin, comme d'autres alphabets européens.

Six voyelles

a, e, i, o, u, y.
Avant le XVIIe siècle, la langue écrite ne distinguait pas le *u* du *v*. On lit encore dans des inscriptions du début du XIXe siècle : REPVBLIQVE.

Vingt consonnes

b, c, d, f, g, h, j, k, l, m, n, p, q, r, s, t, v, w, x, z.
Avant le XVIIe siècle, la langue écrite ne distinguait pas le *j* du *i*. Les latins écrivaient IOVIS ce que nous écrivons JOVIS.
Jusque vers la fin du XVIIIe siècle, la consonne *s* a eu deux formes : *f* au début et à l'intérieur des mots, *s* à la fin. Ainsi, sur une gravure ancienne de Paris, on peut lire : « Le Grand Chaftelet de Paris ».

Majuscules

A B C D E F G H I J K L M N O P Q R S T U V W X Y Z

Minuscules

a b c d e f g h i j k l m n o p q r s t u v w x y z

Symboles

Le symbole est un signe qui peut être utilisé pour faciliter la prise de notes.

+	: plus.	?	: combien.
+++	: plusieurs.	∃?	: existe-t-il ?
–	: moins.	↗	: croît.
±	: plus ou moins.	↘	: décroît.
=	: égal.	∞	: infini.
≠	: différent.	//	: parallèle à.
≈	: environ.	⊥	: perpendiculaire à.
×	: multiplié.	⊂	: appartient à.
:	: divisé.	⊄	: n'appartient pas à.
>	: plus important.	∪	: uni à.
<	: plus petit.	∀	: quel que soit.
⇒	: tend vers.	∅	: zéro.
⇔	: équivalent.		

LE MOT DANS LE DICTIONNAIRE

Le classement des mots.

C'est l'ordre alphabétique qui commande le classement des mots.

La nature grammaticale du mot.

Elle est indiquée par une abréviation : *adj.* pour adjectif. On trouve aussi *n.* pour nom, *v.* pour verbe, *prép.* pour préposition, *m.* pour masculin, *f.* pour féminin, etc.

La prononciation du mot.

Elle est transcrite en alphabet phonétique.

L'origine du mot.

Elle est indiquée entre parenthèses.

L'orthographe du mot.

Chaque mot est, le plus souvent, écrit en gras.

DIAGONALE, ALE, AUX [djagonal, o]. *adj.* (XIIIe ; bas lat. *diagonalis* ; de *diagonus*, gr. *diagônos* « ligne tracée d'un angle à l'autre »). *Géom.* Se dit de ce qui joint les sommets opposés d'un parallélépipède. *Arcs diagonaux.*

DIAGONALE [djagonal]. *n.f.* (1561 ; du précéd.) ◆ 1° Ligne diagonale. *Diagonales d'un polygone, d'un rectangle, d'un carré. Tracer, mener les diagonales.* « *Nous plierons par la diagonale les deux moitiés du carré* » (ROUSS.). *La diagonale d'un tissu.* V. **Biais**. ◆ 2° EN DIAGONALE. *Traverser une rue en diagonale :* en biais, obliquement. « *Les pas qui traversaient la cour en diagonale* » (GREEN). — Fig. et fam. *Lire en diagonale,* lire très rapidement, parcourir.

Le Petit Robert

Le sens du mot.

Il est donné sous forme de définitions.

Les exemples.

Ils sont écrits *en italique.*

Le registre de langue.

Il est indiqué quand le mot ou l'expression n'appartient pas au langage courant.

Le renvoi à un synonyme.

Il est écrit en **gras**.

EXERCICE 1

Rangez les mots suivants dans l'ordre alphabétique.

1. Aération, aérer, air, aérateur, aérien. 2. Seller, saler, salaire, sel, salière, salaison. 3. Bergère, bergerie, berger, bergeronette, berge. 4. Granivore, grain, grenier, grainetier, grenu. 5. Idée, idéal, ide, idéalisation, idéalement.

EXERCICE 2

Rangez la liste des noms d'animaux dans l'ordre alphabétique.

Gorille, chat, geai, truie, moustique, cerf, tarentule, marcassin.

Puis, insérez dans votre liste les noms suivants :

mouche, bouc, vache, belette, renard, écrevisse, porc-épic, rossignol, bécassine, vairon.

EXERCICE 3

Dans chacune des listes suivantes un mot n'est pas à sa place. Lequel ?

1. Diesel, indication, novembre, monocle. 2. Fripon, légume, kimono, sphinx. 3. Souci, yoga, zinc, xylophage. 4. Égalité, égouttoir, égoutture, égalitaire. 5. Premier-né, prémunir, prénom, premier.

EXERCICE 4

Rangez la liste des noms de métiers dans l'ordre alphabétique.

Plombier, cuisinier, publicitaire, boulanger, plongeur, grainetier, boulangère, physicien, géologue, institutrice, garagiste, routier, instituteur, pompier, boucher, publiciste, informaticien.

L'alphabet phonétique

L'alphabet phonétique rassemble les 36 sons (ou phonèmes) qui permettent de transcrire les mots français, non selon leur orthographe, mais selon leur prononciation. Il se compose de 16 voyelles, 17 consonnes et 3 semi-consonnes.

16 voyelles

Le son	s'écrit	comme dans les exemples
[i]	i,î, y	*abîmer, bauxite, calvitie, distraire, féerie, fournir, île, pays, travesti.*
[e]	er, é, œ, ai, et, e	*chanter, défilé, éclatant, effet, œcuménique, flairer.*
[ɛ]	e, è, ê, ai, ei	*accès, aide, aigle, aigre, beige, esclave, fenêtre, fermette, hiver, rêve.*
[a]	a, à, e	*crasse, déjà, femme, habit, patience, patte, pédiatre, plate, psychiatre, salade, solennel.*
[ɑ]	a, â	*âge, bas, gâteau, jaunâtre, pâte, théâtre, vase.*
[ɔ]	o, u (devant m en fin de mot)	*album, broder, colle, isoler, loge, lotte, maldonne, molle, pomme.*
[o]	o, ô, au, eau	*arôme, ciseau, clos, clôture, fantôme, matériau, mégot, môle, panneau, pose.*
[u]	ou, où, oû	*épouvantable, fou, goût, houx, joue, mourir, nourrir, où, soute, voûte.*
[y]	u, û	*but, du, dû, flûte, flux, menu, musée, morsure, parure, tulipe.*
[ø]	eu, eû, œu	*ceux, feu, heureux, jeu, jeûne, meule, nœud, onéreux, pieu, vœu.*
[œ]	eu, œu, ue, œi	*beurre, chœur, cœur, jeune, meuble, œil, orgueil, seuil, sœur, neuf.*
[ə]	e	*belote, ce, me, menu, ne, peler, pelisse, petit, tenue, venue.*
[ɛ̃]	in, im, ain, aim, en, ein yn, ym	*daim, examen, faim, frein, humain, imbuvable, invité, nymphe, pentagone, pharynx.*
[ɑ̃]	an, am, aon, em, en	*ample, blanc, concurrence, ensemble, exigence, faon, mensonge, tampon, tolérance, vent.*
[ɔ̃]	om, on	*bidon, combat, gong, monde, ombrelle, onde, palombe, plomb, son, ton.*
[œ̃]	um, un	*brun, emprunt, humble, lundi, opportun, parfum, un.*

LES CONSONNES ET SEMI-CONSONNES

■ 17 consonnes

Le son	s'écrit	comme dans les exemples
[p]	p, pp	*potage, appétit.*
[t]	t, tt	*mat, attentif.*
[k]	c, cc, ch, k, ck, q, qu	*écaille, accorder, chronique, anorak, stock, cinq, risque.*
[b]	b, bb	*bateau, abbé.*
[d]	d, dd	*aide, addition.*
[g]	g, gu, gg, gh	*gothique, aiguiser, aggraver, spaghetti.*
[f]	f, ff, ph	*fable, affublé, philosophie.*
[s]	s, ss, c, ç, sc, t, x	*soleil, issue, préface, façade, fascicule, potion, six.*
[ʃ]	ch, sch, sh	*cheval, schéma, short.*
[v]	v, w	*évacuer, wagon.*
[z]	s, z, x	*hasard, rizière, sixième.*
[ʒ]	j, g, ge	*jeu, page, nageoire.*
[l]	l, ll	*lac, ville.*
[R]	r, rr	*rouge, arrêt.*
[m]	m, mm	*main, imminent.*
[n]	n, nn	*naturel, anneau.*
[ɲ]	gn	*digne.*

■ 3 semi-consonnes

Le son	s'écrit	comme dans les exemples
[j]	i, ï, hi, y, il, ill, ille	*iode, glaïeul, hiérarchie, yacht, travail, juillet, paille.*
[w]	ou, oi, oî, oe, w	*douane, loi, boîte, moelle, western.*
[ɥ]	ui	*puits.*

Les consonnes b, c, d, f, l et m

Cette abbaye surplombe un abîme.
consonne b doublée (abbaye) — consonne b simple (surplombe, abîme)

Défense de siffler.
consonne f simple (Défense) — consonne f doublée (siffler)

La consonne *b* n'est généralement pas doublée

à l'intérieur d'un mot	*abîme, habitude,* etc.	sauf dans *abbatial, abbaye...*

La consonne *c* n'est pas doublée

en début de mot devant une consonne	*acquisition, éclosion,* etc.	sauf dans *ecchymose, ecclésial* et leurs dérivés.

La consonne *d* n'est généralement pas doublée

à l'intérieur d'un mot	*dédommagement, poudre*, etc.	sauf dans *addition* et dérivés.

La consonne *f* n'est pas doublée

dans les mots commençant par *def-*	*défense, déférence, défunt,* etc.	
dans les mots commençant par *prof-*	*profession, profusion, profil,* etc.	

La consonne *l* n'est pas doublée

dans les mots commençant par *él-*	*élaboration, élection, électricité, électron,* etc.	
dans les mots commençant par *dil-*	*dilatation, dilatoire, dilemme, dilettante, diligence,* etc.	
dans les mots commençant par *hal-*	*haleine, haleter, halogène,* etc.	sauf dans *hall, hallali, hallier, hallucination* et leurs dérivés.
dans les mots commençant par *sol-*	*solaire, solarium, soldat,* etc.	sauf dans *solliciter* et ses dérivés.

La consonne *m* n'est pas doublée

dans les mots commençant par *am-*	*amabilité, amarrage, amélioration, amiral, amusement, amygdale,* etc.	sauf dans *ammocète, ammoniaque, ammophile, ammanite* et leurs dérivés.
dans les mots commençant par *om-*	*ombilical, ombre, oméga,* etc.	
dans les mots se terminant par *-game*	*bigame, polygame*, etc.	sauf dans *gamme* et ses dérivés.

LES CONSONNES DOUBLES

■ La consonne *c* est doublée

dans les mots commençant par *acc-*	*accaparement, accès, accueil*, etc.	sauf dans *acabit, acacia, académie, acadien, acajou, acanthe, acariâtre, acolyte, acompte, aconit, acoustique, acuité, acupuncture* et leurs dérivés.
dans les mots commençant par *occ-*	*occident, occupation*, etc.	sauf dans *océan, ocre, octobre, octroi, oculaire* et leurs dérivés.
dans les mots commençant par *sacc-*	*saccade, saccage, saccharine*, etc.	sauf dans *sacoche, sacre, sacrifice, sacrilège, sacripant, sacristie* et leurs dérivés.
dans les mots commençant par *succ-*	*succédané, succès, successeur, succinct, succulent* et leurs dérivés.	

■ La consonne *f* est doublée

dans les mots commençant par *aff-*	*affaire, affiliation, affût*, etc.	sauf dans *afin, aficionado, afro, africain, afrikaans* et leurs dérivés.
dans les mots commençant par *eff-*	*effet, efféminé, effervescent, effilocher*, etc.	sauf dans *éfaufiler.*
dans les mots commençant par *diff-*	*diffamation, différence, différent, difficulté, difformité, diffraction, diffusion* et leurs dérivés.	
dans les mots commençant par *siff-*	*sifflement, sifflet, sifflotement*, etc.	
dans les mots commençant par *souff-*	*souffle, souffrance* et leurs dérivés.	sauf dans *soufisme*, *soufrage, soufre, soufrière* et leurs dérivés.
dans les mots commençant par *suff-*	*suffisance, suffixe, suffocation, suffrage* et leurs dérivés.	

■ La consonne *l* est doublée

dans les mots commençant par *ill-*	*illégalité, illégitime, illettrisme,* etc.	sauf dans *île* et ses dérivés, *iliaque, ilang-ilang, iléon, iléus, ilion, ilote.*

■ La consonne *m* est doublée

dans les mots commençant par *im-*	*immaturité, immoralité, immersion*, etc.	sauf dans *imaginer, image, imam* et leurs dérivés.
dans les mots commençant par *comm-*	*commerce, commis, commun*, etc.	sauf dans *coma, comédie, comestible, comète, comique, comité* et leurs dérivés.

Les consonnes n, p, r, t

Cette hypothèse inquiète sa sœur cadette.
consonne t simple — consonne t doublée

Devant le garage, le marronnier est en fleur.
consonne r simple — consonne r doublée

La consonne *n* n'est pas doublée

dans les mots commençant par *an-*	*analgésie, ananas*, etc.	sauf *anneau, année, annexe, annihiler, annoncer, annoter, annuler* et dérivés.
dans les mots commençant par *en-*	*énergie, énergumène, énervement*, etc.	sauf dans *ennemi, ennui, enneiger* et leurs dérivés
dans les mots commençant par *in-*	*inédit, inefficace, inexact*, etc.	sauf *inné, innerver, innocence, innombrable, innomé, innover* et dérivés.

La consonne *p* n'est pas doublée

dans les mots débutant par *hyp-*	*hypothèse, hypothèque*, etc.	
dans les mots débutant par *super-*	*superposer, supérieur*, etc.	

La consonne *r* n'est pas doublée

dans les mots commençant par *ér-*	*érogène, érosion, érotique*, etc.	sauf dans *errance, errant, erratique, erratum, erre, erreur, erroné.*
dans les mots commençant par *cour-*	*courage, coureur, couronne*, etc.	sauf dans *courrier, courroie, courroucé, courroux.*
dans les mots commençant par *fer-*	*férié, ferme, férocité*, etc.	sauf dans *fer* et ses dérivés.
dans les mots commençant par *gar-*	*garage, garantie, gare*, etc.	sauf dans *garrigue, garrot.*
dans les mots commençant par *mar-*	*marée, mari, marocain*, etc.	sauf dans *marraine, marre, marri, marron, marronnier.*
dans les mots commençant par *par-*	*parade, parafe, paresse*, etc.	sauf dans *parrain, parrainage, parricide.*
dans les mots commençant par *per-*	*percée, perfide, perle*, etc.	sauf dans *perron, perroquet, perruche, perruque.*

La consonne *t* n'est pas doublée

dans les mots commençant par *bat-*	*bateau, bâton*, etc.	sauf dans *battage, battement* et leurs dérivés.
dans les mots commençant par *met-*	*métal, météore, méthode, métier*, etc.	sauf dans *mettre* et dérivés.

LES CONSONNES DOUBLES

■ La consonne *n* est doublée

dans les mots commençant par *conn-*	*connaissance, connivence*, etc.	sauf dans *cône, conifère, conique, conurbation.*
dans les verbes se terminant par *-onner*	*donner, abonner*, etc.	sauf dans *téléphoner, ramoner, s'époumoner, détoner, trôner* et leurs dérivés.

■ La consonne *p* est doublée

dans les verbes commençant par *app-*	*apporter, apparaître*, etc.	sauf dans *apaiser, apercevoir, apitoyer, aplanir, aplatir, apostropher* et leurs dérivés.
dans les mots commençant par *supp-*	*supplanter, supposition*, etc.	

■ La consonne *r* est doublée

dans les mots commençant par *corr-*	*correction, corrélation, correspondance,* etc.	sauf dans *corail, coron,* etc.
dans les mots commençant par *irr-*	*irradiation, irrationnel, irréel,* etc.	sauf dans *irakien, iranien, irascible*, etc.
dans les mots de la famille de *char*	*charretée*, charretier, *charrette,* etc.	sauf dans *chariot.*

■ La consonne *t* est doublée

au début d'un mot commençant par *att* + voyelle	*attendrir, atténuer, attiser*, etc.	sauf dans *ataraxie, atavisme, ataxie, atèle, atelier, atemporel, atermoiement, atoll, atome, atomique, atomiseur, atonal, atone, atonie, atours, atout, atypique.*
dans les mots commençant par *attr-*	*attribuer, attrouper*, etc.	sauf dans *atrabilaire, âtre, atrium, atroce, atrocement, atrocité, atrophie, atropine.*
dans les mots se terminant par *-ette*	*cadette, chaussette, galette*, etc.	sauf dans *crête, concrète, discrète, inquiète, planète, replète, secrète.*

Les signes de ponctuation

La langue écrite utilise des signes de ponctuation pour séparer les phrases, et, à l'intérieur de chaque phrase, ses différentes parties comme dans l'exemple suivant : *la voiture tourna à gauche, à droite. Au carrefour, brusquement, un camion surgit.*

La virgule

Elle sépare, dans une phrase, les différents éléments d'une énumération et marque une légère pause.
Bleu, blanc, rouge sont les couleurs du drapeau français.

Le trait d'union

□ Il sert à marquer la coupure d'un mot à la fin d'une ligne. La suite du mot se plaçant au début de la ligne suivante. La coupure s'effectue après une syllabe.

Ce furent les pre-	*Il fallut déci-*	*La décision était anticons-*
miers beaux jours.	*der sans hésiter.*	*titutionnelle.*

□ On l'emploie également dans l'écriture des nombres inférieurs à *cent* et ne comportant pas la conjonction *et*.
Quatre-vingt-treize. Vingt-quatre.
□ On l'emploie enfin devant *ci* et *là* dans les expressions démonstratives.
Cette voiture-ci. Ce travail-là.

La parenthèse

Elle isole un groupe de mots qui, parfois, fournissent une explication.
Chaque livre comporte un numéro (de 001 à 328) qui facilite la recherche.

Le tiret

□ Il indique le changement de personne dans un dialogue.
« C'est vrai que tu as un bateau ?
– Un gros !
– Pourquoi n'es-tu pas habillé en marin ? »
□ Il peut parfois remplacer la parenthèse.
Elle compta trois marches – elles étaient mouillées –, elle décida donc de s'asseoir sur la troisième et d'attendre.

Les guillemets

Ils encadrent une citation, un dialogue, le titre d'un poème ou d'un article.
« Rien ne sert de courir, il faut partir à point », telle est la morale qu'illustre La Fontaine dans « Le Lièvre et la Tortue ».

L'accolade

Elle sert, dans l'écriture, à relier plusieurs mots ayant un point commun.

La dent { *l'incisive* / *la canine* / *la prémolaire* / *la molaire* }

Vitamine A { *huile de foie de poisson* / *légumes* / *produits laitiers* }

LES DIFFÉRENTS POINTS

■ Le point .

– Il se place à la fin d'une phrase, il en indique le caractère achevé.
– Il s'utilise à la fin d'une abréviation.
– Il s'utilise dans l'écriture des sigles : O.N.U. – U.S.A.

■ Les points de suspension ...

– Toujours au nombre de trois, ils marquent une suppression, une interruption ou un sous-entendu.
Je vous laisse imaginer ce qui se passa...
– Placés entre parenthèses (...), ils indiquent qu'une partie du texte cité est supprimée.

■ Les deux points :

Les deux points s'emploient pour annoncer une explication, une énumération ou une citation.

■ Le point d'interrogation ?

Il se place à la fin d'une phrase interrogative.
Combien coûte ce tissu ?
Il n'y a pas de point d'interrogation à la fin d'une interrogation indirecte.
J'ignore quand il viendra.

■ Le point d'exclamation !

Il se place à la fin d'une phrase exclamative ou après une interjection.
Hé ! C'est beaucoup trop cher !

■ Le point-virgule ;

Il se place, dans une phrase, à la fin d'une proposition présentant un sens complet et ayant une liaison logique avec la suivante.
Attention ! On ne met jamais de majuscule après un point-virgule.

EXERCICE 1

Ponctuez correctement les phrases suivantes.
1. Des tribunes furent installées pour le jour de la fête 2. À quelle heure commence le spectacle 3. Le décor est somptueux et les costumes magnifiques 4. Les enfants battaient des mains battaient des pieds trépignaient d'impatience 5. Le buffet offrait toutes sortes de bonnes choses des meringues craquantes des pâtes d'amande

EXERCICE 2

À la place de chaque trait oblique, placez : un point, une virgule, un tiret, des guillemets ou un point d'interrogation.
Mais / moi / je t'aurais tout donné / j'aurais tout vendu / j'aurais travaillé de mes mains / j'aurais mendié sur les routes / pour un sourire / pour un regard / pour t'entendre dire / Merci / et tu restes là tranquillement dans ton fauteuil / comme si déjà tu ne m'avais pas fait assez souffrir /

Gustave Flaubert, *Madame Bovary*.

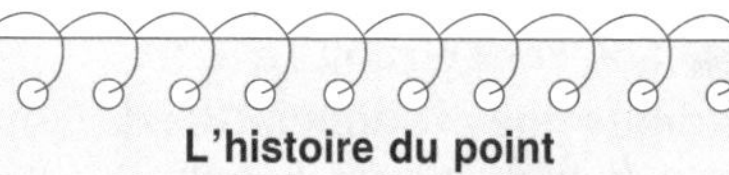

L'histoire du point et de la ponctuation

En France, à partir du IXe siècle, on utilise, dans les manuscrits, le point pour signaler des arrêts de la voix. Mais cette utilisation reste aléatoire.
Au XVIe siècle, avec le développement de l'imprimerie, la ponctuation devient peu à peu cohérente. On utilise le point, la virgule, les deux points, le point d'interrogation.
Au XVIIe siècle se répand l'usage du point-virgule et du point d'exclamation.
Au XVIIIe siècle apparaissent les points de suspension. Les tirets et les parenthèses s'imposent au XIXe siècle. La ponctuation est alors complète.

Les accents

À Noël, la mise en scène sera achevée.
accent grave (À) – tréma (ë) – accent grave (è) – accent aigu (é)

Le chat a posé la patte sur la pâte à gâteaux.
accent aigu (é) – accent circonflexe (â, â) – accent grave (à)

L'accent aigu ´

☐ En français, l'accent est un signe placé sur une voyelle. Il précise la prononciation ou différencie deux homonymes.

☐ L'accent aigu indique une prononciation de e fermé [e].
Une épée, une télévision, la bonté, récréatif, séparé.
C'est l'accent le plus utilisé de la langue française.

L'accent grave `

☐ Il indique une prononciation de e ouvert [ɛ].
Une pièce, funèbre, une bibliothèque, une portière.

☐ Il précise le sens de certains mots. En effet, certains mots changent de sens si on oublie leur accent.
à (préposition) et *a* (du verbe avoir) ; *là* (adverbe) et *la* (article, pronom) ;
où (adverbe, pronom) et *ou* (conjonction de coordination).

☐ Attention ! L'accent des mots suivants varie :

aère, l'aération
la crème, la crémerie
l'emblème, emblématique
espère, espérer
la manière, maniéré
la poussière, poussiéreux
la règle, la réglementation
sèche, la sécheresse
la sphère, sphérique
Tibère, tibérien

L'accent circonflexe ^

☐ Il indique une prononciation de e ouvert [ɛ].
Extrême, la fête, la forêt, la bête, une requête.

☐ Il indique s'il s'agit du o fermé [o] ou du o ouvert [ɔ]. Ce qui change le sens de certains mots. *Une côte sablonneuse. Une cote mobilière.*

☐ Il indique s'il s'agit du â ouvert [ɑ] ou du a fermé [a]. Ce qui change le sens de certains mots. *Une tâche délicate. Une tache de boue.*

☐ Il se retrouve dans certains temps verbaux.
Nous aperçûmes (passé simple). *Qu'il dansât* (subjonctif imparfait).

☐ On ne doit pas l'oublier sur les pronoms possessifs. *Le nôtre, le vôtre.*

Le tréma ¨

☐ Le tréma n'est pas un accent. Il sert cependant à distinguer la prononciation de deux voyelles placées l'une à côté de l'autre.
Noël, héroïque, inouï, l'ouïe, camaïeu.

☐ Seules les voyelles *e*, *i*, *u* peuvent être surmontées d'un tréma.

☐ Il sert dans *aiguë, ambiguë, bisaiguë* à indiquer que l'adjectif féminin doit se prononcer *gu* et non *gue*.

L'ACCENT GRAVE SUR LE *OÙ* ET LE *À*

■ Faut-il écrire *ou* avec ou sans accent ?

On écrit *ou*, sans accent, quand on peut le remplacer par *ou bien*.
Pose-le sur la table ou sur la chaise.
Pose-le sur la table ou bien sur la chaise.
Dans tous les autres cas, on écrit *où* avec un accent grave.

■ Faut-il écrire *a* ou bien *à* ?

On écrit *a*, sans accent, quand on peut le remplacer par *avait* (verbe avoir).
Elle a un joli sourire.
Elle avait un joli sourire.
Dans tous les autres cas, on écrit *à* avec un accent grave.

EXERCICE 1

Mettez les accents nécessaires.
1. J'avais oublie durant ce sejour que la realite etait si differente. 2. Elle n'est jamais tout a fait la meme. 3. Le Rhone etait si glace ce matin-la ! 4. Il a change a tel point que personne ne l'a reconnu. 5. Nous arrivames a l'epoque ou tous les fruits sont murs.

EXERCICE 2

Remplacez le carré par *a* ou *à*.
1. C'est □ Londres qu'elle part la semaine prochaine. 2. Elle □ décidé de partir □ Londres la semaine prochaine. 3. Pour ce voyage, son mari lui □ acheté un parapluie □ pois. 4. □ la grande satisfaction de ses enfants, elle leur □ rapporté du chocolat □ la menthe qui n'□ heureusement pas fondu. 5. Elle □ raconté son voyage □ grand renfort de gestes et d'anecdotes amusantes et n'□ pas hésité, □ plusieurs reprises, □ se mettre en scène. 6. Je ne sais pas □ quelle heure □ lieu l'émission. 7. Il l'□ répété □ qui voulait l'entendre.

EXERCICE 3

Remplacez le carré par *ou* ou *où*.
1. □ veux-tu aller en vacances ? Choisis-tu la mer □ la montagne ? 2. Ils ne savent pas □ se trouve la maison ; □ qu'elle soit, elle est bien isolée. 3. Au menu, c'est fromage □ dessert. 4. Comme le coffre est déjà plein, il faut laisser un colis pour le prochain voyage : la télévision □ le magnétoscope ? 5. Je le laisse □ ? À l'étage □ au rez-de-chaussée ?

EXERCICE 4

L'accent circonflexe change le sens de certains mots. À vous de retrouver les mots, avec accent circonflexe ou sans accent circonflexe, dans les phrases suivantes.
1. Ce cheval a mal sauté l'obstacle, il boite. 2. C'est dans cette boite que je range les vieilles cartes postales. 3. C'est une cote difficile à grimper pour tous les cyclistes. 4. Toutes ces valeurs sont cotées à la Bourse de Paris.

L'origine de l'accent circonflexe

Vers 1530, à la Renaissance, les accents sont introduits dans la langue française écrite. Aujourd'hui on peut, parfois, découvrir dans certains mots l'origine de l'accent circonflexe : il remplace un s disparu. Au XVIIe siècle, par exemple, le poète La Fontaine racontait l'histoire de *Maistre Corbeau*. De même, on écrivait autrefois *hospital* devenu aujourd'hui *hôpital*. Mais le s subsiste dans les mots d'une même famille :

Hôpital → hospitalier
Arrêt → arrestation
Châtaignier → castagnette
Côte → accoster
Fête → festival
Forêt → forestier
Île → Islande

Les préfixes

Monoski — préfixe signifiant un seul

Multicolore — préfixe signifiant plusieurs

Microscope — préfixe signifiant infiniment petit

Macroéconomie — préfixe signifiant très gros

Le préfixe	**signifie**	**comme dans les exemples**
a-	la privation	*amoral*
anti-	l'opposition	*antidémocrate*
auto-	de soi-même, en rapport avec l'automobile	*autogestion, autoroute*
bi-	deux	*biathlète*
co-	l'ensemble	*cohéritier*
chrono-	le temps	*chronologie*
dés-, dis-	la séparation	*désarmer, disjoindre*
é-	le renforcement	*éclore*
hétéro-	l'autre	*hétérosexuel*
hippo-	en rapport avec le cheval	*hippodrome*
homo-, homéo-	le semblable	*homonyme, homéopathie*
hydro-	en rapport avec l'eau	*hydrothérapie*
hyper-	une grandeur très importante	*hypertension*
hypo-,	très en dessous	*hypotension*
in-, il-, im-, ir-	la négation, la privation	*inégal*
macro-	très gros	*macroscopie*
mé-	la négation	*mésestimé*
méga-	très grand, gigantesque	*mégapole*
mi-	la moitié	*mi-temps, minuit*
micro-	infiniment petit	*microfilm*
multi-, pluri-, poly-	plusieurs	*multicolore, pluridisciplinaire, polyglotte*
post-	après	*postdater*
pré-	l'anticipation	*préretraite*
ré-, re-	la répétition	*réitérer, refaire*
super-	au-dessus	*super-fin, supercarburant*
tri-	trois	*triphasé*

QUELLE ORTHOGRAPHE CHOISIR ?

■ Faut-il un trait d'union ?

■ Le français fait quelquefois appel à des préfixes grecs et latins pour créer des mots nouveaux. Pour réunir le préfixe à la racine du mot, on a utilisé au début le trait d'union. La tendance actuelle est de faire la jonction des deux éléments.
Antimatière, hypertendu, minijupe.

■ Les préfixes hyper-, hypo-, macro-, méga-, mini-, super- utilisés avec des noms propres sont suivis d'un trait d'union.
Mini-État, super-Charlot.

■ Les préfixes en -o se soudent au mot sauf néo- et pseudo- pour lesquels il faut se reporter au dictionnaire.
Néophyte mais *néo-impressionnisme.*
Pseudonyme mais *pseudo-grippe.*

■ Attention aux confusions !

Abjurer : renoncer à une religion.
Adjurer : supplier.
Affleurer : être au niveau de.
Effleurer : toucher légèrement.
Apporter : porter à.
Amener : faire venir à soi.
Assertion : affirmation.
Insertion : inscription dans un journal.
Apurer : arrêter un compte.
Épurer : rendre pur.
Bimensuel : qui a lieu deux fois par mois.
Bimestriel : qui a lieu tous les deux mois.
Confirmer : certifier.
Infirmer : démentir.
Effraction : entrer par force.
Infraction : violation d'une loi.
Éluder : esquiver.
Élucider : rendre clair.
Éruption : sortie violente.
Irruption : entrée brusque.
Policlinique : clinique fonctionnant aux frais d'une commune et où les malades ne sont pas hospitalisés.
Polyclinique : établissement où l'on dispense toutes sortes de soins.
Prééminent : qui est le premier.
Proéminent : qui dépasse en relief.
Prescription : ordre expressément formulé.
Proscription : mesure d'exil.

EXERCICE 1

Voici une série de préfixes indiquant la privation, la séparation ou la négation. Retrouvez les mots commençant par ce préfixe et correspondant aux définitions.

a- état dans lequel les corps ne pèsent plus.
a- état de quelqu'un qui n'émet aucun son.
a- état de celui qui ne croit en aucun dieu.
dés- priver quelqu'un de ses droits à une succession.
dés- synonyme de fouillis
dés- rompre l'union entre des personnes
il- ce qui est interdit par la loi.
im- ce qui est fixe.

EXERCICE 2

Retrouvez le sens de :
Autodéfense, autobus, auto-stop, autocollant, autodiscipline, autoradio, autocensure, autocar, automate, autorail.

EXERCICE 3

Rétablissez l'orthographe des mots suivants. Distinguez ceux qui ont pour préfixe cheval (hippo) et ceux qui ont pour préfixe au-dessous (hypo).
[ipo] campe. [ipo] dermique. [ipo] gée. [ipo] logie. [ipo] mobile. [ipo] phage. [ipo] potame. [ipo] tension. [ipo] ténuse.

Les suffixes

Honorable — *able* : suffixe indiquant la qualité

Poliment — *ment* : marque de l'adverbe

Formalisme — *isme* : suffixe indiquant la doctrine, la notion

Accessible — *ible* : marque la possibilité

Le suffixe	**signifie**	**comme dans les exemples**
- able	la possibilité, la qualité	*aimable*
- ade	un ensemble	*colonnade*
- age	un ensemble, l'action	*branchage, arrosage*
- aille	nom d'action, noms collectifs ou à connotation péjorative	*semailles, volaille, valetaille*
- aire	la profession, l'instrument, la réunion	*publicitaire, luminaire, sociétaire*
- aison	l'action, son résultat	*inclinaison*
- al	qui se rapporte à	*médicinal*
- ance, - ence	le résultat, l'action, l'état	*naissance, présidence*
- ard, -asse, -âtre	un état à connotation péjorative	*grognard, richard, fadasse, blanchâtre*
- ée	le contenant	*une cuillerée*
- el	qui se rapporte à	*mortel*
- er, ier	nom de métier, de contenant, de lieu, de collection	*boucher, plâtrier, sucrier, herbier*
- erie	nom d'industrie artisanale ou commerce	*cimenterie, crêperie*
- esse	la qualité, le titre, la dignité	*richesse, princesse, abbesse*
- esque	se rapportant à un nom propre	*moliéresque*
- ette	diminutif	*maisonnette*
- eur, - euse	l'être ou l'objet qui fait l'action	*coureur, aspirateur*
- ible	marque la possibilité	*accessible*
- ie	la qualité, le lieu	*bonhomie, mairie*
- isme	l'état, la doctrine, le métier, la notion	*alcoolisme, socialisme, journalisme, patriotisme*
- issime	superlatif	*richissime*
- ment	l'action d'un verbe, la marque de l'adverbe	*blanchiment, gentiment*
- oir	le contenant	*arrosoir*
- té, - tude	la qualité, l'état	*bonté, platitude*
- tée	un contenant	*pelletée*
- tion	l'action	*bifurcation*
- ure	l'action, l'ensemble	*ciselure, chevelure*

QUELLE ORTHOGRAPHE CHOISIR ?

■ Faut-il écrire *-té* ou *-tée* ?

Beaucoup de noms abstraits désignant des qualités ou des défauts sont féminins et finissent par -té : *la vanité*. Il ne faut pas les confondre avec les noms concrets désignant un contenu : *la pelletée*.

■ Attention aux confusions !

Acceptation : le fait d'accepter.
Acception : le sens d'un mot.
Artérite : affection des artères.
Arthrite : affection des articulations.
Cohésion : union.
Cohérence : logique.
Compréhensible : clair.
Compréhensif : bienveillant.
Conjecture : supposition.
Conjoncture : concours de circonstances.
Conséquent : logique.
Considérable : important.
Décade : dix jours.
Décennie : dix ans.
Isolation : protéger du bruit, par exemple.
Isolement : être seul.
Notable : important.
Notoire : évident.
Originel : qui vient de l'origine.
Original : unique.

EXERCICE 1

Le suffixe -erie
Faites une liste de dix mots se terminant par -erie et ayant le sens d'une industrie artisanale ou d'un commerce.

EXERCICE 2

Le suffixe -age
Le suffixe -age désigne un ensemble (*branchage*) ou une action (*lessivage*). Trouvez cinq mots appartenant à chaque ensemble.

EXERCICE 3

Le suffixe -eur
Répartissez en deux listes les noms féminins et les noms masculins.
Sauteur, hauteur, marcheur, nageur, lourdeur, correcteur, profondeur, grosseur, rumeur, démarcheur.

EXERCICE 4

Le suffixe -té ou -tée
Le suffixe -té désigne une qualité (*la bonté*), le suffixe -tée désigne un contenu (*la pelletée*).
Trouvez cinq mots appartenant à chaque ensemble.

EXERCICE 5

Les suffixes -ard, -aille, -asse et -âtre sont des suffixes péjoratifs.
Trouvez le mot correspondant à chaque définition.
mauvais conducteur : ... ard
celui qui aime la fête : ... ard
soulier en mauvais état : ... asse
mauvais vin : ... asse
nourriture : ... aille
mauvaise mère : ... âtre

EXERCICE 6

Retrouvez des noms d'habitants formés avec des suffixes.
Exemple : Paris → Parisien
Lille, Aix, Marseille, Arcachon, Arles, Bordeaux, Calais, Dieppe, Orléans, Saint-Cyr, Toulouse, Vichy.

EXERCICE 7

Ajoutez à chacun des mots suivants un préfixe ou un suffixe (ou les deux) pour former un autre mot de la même famille.
Exemple : bruit → bruitage, ébruité
Sensible → hypersensible, hypersensibilité
Terre, neige, laid, joli, court, ivre, os.

L'article

L'article est le principal déterminant du nom. Il se place toujours devant le nom dont il annonce le genre et le nombre.

***Un** miroir, **une** glace, **des** vitres.*

article indéfini masculin singulier — article indéfini — article indéfini pluriel

L'article défini

☐ L'article défini peut servir à désigner un être ou un objet, exactement identifiés :
– un être : ***Le** fils **des** voisins est venu me voir* ;
– un objet : *Prenez **le** train **du** matin : il est plus rapide.*
☐ Il peut désigner un être ou un objet connus de la personne à qui on s'adresse :
– un être : ***Le** patron **du** bistro est vraiment sympathique* ;
– un objet : *Ferme **la** persienne.*
☐ L'article défini peut servir à désigner globalement une notion, des matières, des espèces, des idées :
– une notion unique en son genre : ***L'**humanité* ;
– des matières : ***Le** fer, **la** soie* ;
– des espèces : ***Les** reptiles, **les** mammifères* ;
– des idées : ***La** vérité, **la** liberté.*

L'article indéfini

☐ L'article indéfini peut servir à désigner un être ou un objet qui n'est pas identifié avec précision : *Choisis **un** livre.*
☐ Il peut aussi servir à désigner : un modèle de personnage : ***Un** Apollon* (quelqu'un d'athlétique) ; une œuvre d'artiste : ***Un** Picasso* (un tableau de Picasso).

L'article partitif

☐ L'article partitif sert à désigner une matière non décomposable en unités.
***De l'**eau s'échappait de la conduite éclatée.*
☐ Il sert aussi à désigner un art : ***De la** musique* ; un sport : *Faire **du** rugby* ; une partie de l'œuvre d'un artiste : *Écouter **du** Brassens.*

	Articles définis	Articles indéfinis	Articles partitifs
simples	*le, la, les*	*un, une, des, de*	*de, de la, des*
contractés	*au, aux, du, des*		*du*
élidés	*l'*	*d'*	*de l', d'*

L'accord de l'article

Les articles défini, indéfini, et partitif s'accordent toujours avec les noms auxquels ils se rapportent.
*Allez chercher **des** pots **de** confiture **au** cellier.*

LES CONFUSIONS À ÉVITER

■ Faut-il écrire *le* ou *l'* ?

■ On utilise le *l'* devant un nom commençant par un h muet (c'est-à-dire un h qui permet la liaison : un habit).
L'homme, l'horaire, l'hôpital.
Haricot commençant par un h aspiré, on doit dire le haricot.

■ On emploie aussi *l'* devant un mot commençant par une voyelle (l'arête, l'ironie, l'ours...) sauf devant les exceptions suivantes :
le onze, le oui, le ululement, le yacht, le yankee, le yaourt, le Yemen, le yoga.

■ Faut-il écrire *la, là* ou *l'a* ?

■ On écrit *la* quand on peut le remplacer par un déterminant possessif.
La secrétaire a apporté le courrier à signer.
Ma secrétaire a apporté le courrier à signer.

■ On écrit *là* quand on peut le remplacer par l'adverbe *ci*. Dans ce cas, le nom est précédé de *ce, cet, ces*, etc.
Colle-le à cette place-là.
Colle-le à cette place-ci.
De là peut être remplacé par *ici*.

■ On écrit *l'a* quand on peut le remplacer par *l'avait*.
Il l'a prise avec lui.
Il l'avait prise avec lui.

EXERCICE 1

Remplacez les points par un article.

1. ... habitant ... villes respire ... air moins pur que ... habitant ... campagnes. 2. ... Europe est située dans ... hémisphère nord. 3. ... duvet ... canard sert à faire ... édredons. 4. ... éponge est ... produit animal. 5. C'est ... tissu soyeux. 6. ... foule s'est précipitée sur ... lieu de ... accident. 7. Attention en descendant ... escalier, ... accident est vite arrivé. 8. ... animaux ont ... perception ... couleurs différente de celle ... humains. 9. Faites bouillir ... lait dans ... petite casserole avec ... vanille.

EXERCICE 2

Associez chaque nom à l'article indéfini *un* ou *une*.

1. paquet	13. ongle
2. vague	14. haltère
3. alvéole	15. arôme
4. éclair	16. espèce
5. secrétaire	17. orbite
6. élastique	18. atmosphère
7. intervalle	19. hymne
8. huile	20. escompte
9. azalée	21. oasis
10. pétale	22. omoplate
11. hémisphère	23. tubercule
12. épithète	24. insigne

EXERCICE 3

Complétez les phrases suivantes avec *la, là* ou *l'a*.

1. Il a marché toute ... nuit pour réussir. 2. Elle ... accompagnée simplement pour ... rassurer. 3. ... la terre est plus rouge qu'ailleurs. 4. Je ... tiens avec force. 5. Cette place ... est très ensoleillée. 6. Retrouvez ... rue où elle ... reconnu.

EXERCICE 4

Dites si *du, de la* est un article défini ou un article partitif.

1. Avez-vous du café ? 2. Elle travaille du matin au soir. 3. Mets de la moutarde dans la salade. 4. Je voudrais du silence, s'il vous plaît. 5. La décoration du café a changé. 6. N'oublie pas d'acheter du sel. 7. Le début du cours est avancé d'un quart d'heure. 8. La poignée de la fenêtre est cassée. 9. Vous avez eu de la chance. 10. Je vous dirai la date de la réception.

Le nom

Aujourd'hui, Mathilde passe l'examen du permis de conduire.

- *Mathilde* : nom propre sujet du verbe *passer*
- *examen* : nom commun, masculin singulier complément d'objet direct du verbe *passer*
- *permis* : nom commun masculin singulier, complément du nom *examen*

Qu'est-ce qu'un nom ?

☐ Le nom sert à désigner ce qui existe :
– les êtres vivants : *fleur, cheval, enfant*… ;
– les produits de la nature : *pluie, fer*… ;
– les objets : *stylo, immeuble*… ;
– les idées : *bonheur, gourmandise*… ;
☐ Il existe des noms communs et des noms propres.

Qu'est-ce qu'un nom commun ? lower case/non-specific

☐ Le nom commun désigne les personnes et les objets d'une même espèce : *musicien, pays, cinéma.*
☐ Les noms communs sont le plus souvent précédés d'un déterminant : *l'autoroute, mon gilet, cette opinion.*

Qu'est-ce qu'un nom propre ? upper case/v. specific

☐ Le nom propre désigne des personnes, des lieux et des objets uniques et il leur donne une identité individuelle. Chaque nom propre s'écrit avec une majuscule. *Joël, Cléopâtre, Balzac, Toulouse.*
☐ Les noms propres ne sont pas précédés d'un déterminant excepté les noms de pays, de régions, les titres d'œuvres, les marques. *Les États-Unis, l'Alsace, les Misérables, une Peugeot.*

Quelle est la fonction du nom dans la phrase ?

Le nom peut être :

– Sujet du verbe : *Le **muguet** fleurit au printemps.*

– Attribut du sujet : *François veut être **médecin**.* (=) equivalent to sub.

– Attribut du complément d'objet direct : *Vous nommerez cet élève **responsable**.* (=) to C.O.D.

– Complément d'objet direct : *Je voudrais des **roses** rouges.*

– Complément d'objet second : *Le président a envoyé ses félicitations au **vainqueur**.*

– Complément du nom : *Un couteau de **chasse**. Un verre d'**eau**.*

– Complément circonstanciel :

de lieu : *Vous me rejoindrez au **restaurant**.*

de temps : *Revenez dans huit **jours**.*

de cause : *Il rougit de **plaisir**.*

QUAND METTRE UNE MAJUSCULE AU NOM ?

La règle

■ Les noms propres s'écrivent avec une majuscule et les noms communs avec une minuscule.

■ On écrit aussi avec une majuscule les mots qui désignent :

– un dieu unique ou une divinité :
Dieu, le Sauveur, Notre-Seigneur, le Malin, le Ciel, l'Enfant Jésus, Jupiter, Mercure, etc. ;

– un événement historique ; une période historique :
le 14 Juillet, la Réforme, la Triple-Alliance, la Restauration, la Renaissance, la Belle Époque, la Révolution, etc. ;

– un titre honorifique :
Sa Majesté, Votre Grandeur, Son Excellence ;

– une institution ou un établissement unique :
l'École centrale, l'École normale supérieure, Le Muséum d'histoire naturelle, la Cour de cassation, la Cour des comptes, l'Académie des sciences, la Bibliothèque nationale, le Conseil des ministres, etc. ;

– une rue, une voie, un établissement public, un navire :
rue Neuve, passage des Lavandières, cirque d'Hiver, gare des Invalides, le Petit Trianon, café Au Rendez-vous, cargo Étoile-du-Nord, etc.

■ On écrit avec une minuscule les noms représentant une division administrative, un rang administratif, un régime, un titre, une religion : *la sous-préfecture, le préfet, la monarchie, le baron, le christianisme,* etc.

On met également une minuscule aux mots *monsieur, madame, mademoiselle,* écrits dans une phrase : *Bonjour madame Leroux.*

EXERCICE 1

Dans le texte suivant, soulignez tous les noms.

Grâce à nos techniciens, un excellent accueil vous est réservé afin de choisir l'instrument de vos rêves : ne louez plus votre piano, achetez-le. Livré avec sa banquette, nous vous garantissons la reprise en cas d'abandon.

EXERCICE 2

Dans le texte suivant, repérez un nom sujet, un nom attribut du sujet, un nom complément circonstanciel de lieu, un nom complément circonstanciel de temps, un nom complément d'objet direct et un nom complément d'objet second.

« M. Joris est l'homme que vous avez rencontré dans l'ascenseur ce matin. Pouvez-vous transmettre à ce monsieur un message urgent ?

EXERCICE 3

Rétablissez les majuscules dans le texte suivant :

chère élise,
mon dieu quelle course en cette fin d'année ! nous invitons toute ma famille et celle de charles pour noël, puis nous partons pour lyon au nouvel an. ensuite il faudra préparer le déménagement. nous nous installons début février dans notre nouvel appartement... et dans une nouvelle région. charles est nommé directeur-adjoint du journal *ensemble* en alsace. voici notre future adresse : 15 avenue du président wilson, à strasbourg. si vous êtes libres à pâques, pourquoi ne pas nous rendre visite ? je t'embrasse, ainsi que richard et marine.
caroline.

Le nom masculin, le nom féminin

Un produit	*Une performance*	*Un/une ministre*
nom masculin	nom féminin	nom masculin ou féminin

Qu'est-ce que le genre d'un nom ?

La langue française classe les noms en deux genres, le masculin et le féminin.
Certains noms sont toujours masculins : *le soleil, un pantalon, un dossier.*
Certains noms sont toujours féminins : *la lune, une montre, une note.*
D'autres noms sont soit masculins, soit féminins, selon qu'ils s'appliquent à un homme ou à une femme : *un ami, une amie.*

Comment former le féminin ?

☐ Règle générale : on ajoute *e* au nom masculin :
voisin → *voisin**e***
passant → *passant**e***
gitan → *gitan**e***

☐ Certains noms redoublent leur consonne finale :
paysan → *paysa**nne***
Marcel → *Marce**lle***
Parisien → *Parisie**nne***

☐ Certains noms prennent un accent grave :
boulanger → *boulang**è**re*

☐ Certains noms changent leur consonne finale :
vendeur → *vendeu**se***
loup → *lou**ve***
sportif → *sporti**ve***

☐ Certains noms changent de suffixe :
instituteur → *institu**trice***
docteur → *doct**oresse***

☐ Certains noms sont radicalement différents au masculin et au féminin :
homme → ***femme***
coq → ***poule***
étalon → ***jument***

☐ D'autres noms désignent soit un homme, soit une femme :
amateur, auteur, magistrat, maire, médecin, ministre, peintre, professeur, secrétaire, juge, écrivain, journaliste, ingénieur, homéopathe, chirurgien, et toutes les spécialités de la médecine.

LES CONFUSIONS À ÉVITER

Ces noms sont masculins

abîme, alvéole, antidote, armistice, éclair, effluve, élastique, emblème, emplâtre, en-tête, équinoxe, haltère, hémisphère, intervalle, iris, météore, obélisque, pétale, planisphère, sulfamide, svastika, tentacule, tubercule, ventricule...

Ces noms sont féminins

abside, acné, acoustique, algèbre, amibe, amnistie, anicroche, appendicite, azalée, caténaire, dartre, ébène, écritoire, écumoire, encaustique, éphéméride, épithète, escarre, espèce, interview, météorite, oasis, oriflamme, stalactite...

Du masculin au féminin, ces noms changent de sens

Certains noms changent de sens selon qu'ils sont masculins ou féminins. Ainsi *un aide* est un assistant, alors que *une aide* est un secours.

un aide = un assistant
une aide = un secours

un aigle = un oiseau
une aigle = un étendard

un cache = du papier noir
une cache = un lieu secret

un cartouche = le titre d'un dessin
une cartouche = une munition

un critique = un juge
une critique = un jugement

un enseigne = un officier
une enseigne = un étendard

un faune = un dieu
une faune = les animaux

un gîte = un lieu
une gîte = une inclinaison

un mémoire = un exposé
une mémoire = un souvenir

un solde = un reliquat
une solde = un traitement

un vapeur = un bateau
une vapeur = une buée

EXERCICE 1

Dans la liste suivante, donnez le féminin des noms masculins, et le masculin des noms féminins.

Un charcutier, une brebis, un chat, une compagne, un Parisien, une tante, une Lyonnaise, un étalon, une poule, un marchand, une jument, un cerf, un masseur, une comtesse, un opérateur.

EXERCICE 2

Trouvez le féminin des noms suivants.

Un marchand, un travailleur, un docteur, un coq, un voisin, un acteur, un patron, un électricien, un martien, un combattant, un informaticien, un maître, un cousin, un acheteur, un Londonien, un lion, un tigre, un partisan, un conducteur, un éclaireur.

EXERCICE 3

Classez les noms suivants en deux groupes : un groupe de noms masculins, un de noms féminins.

Tournoi, effroi, loi, convoi, paroi, emploi, désarroi, foi, renvoi, roi, beffroi.

EXERCICE 4

Enlevez une lettre à chacun des noms suivants pour obtenir un nom de l'autre genre.

Un cancre, un billet, un cours, une comète, une cour, un crochet, un seau, un père, la folie, un gorille, le lièvre, un moine, le monde, une paroi, un poulpe, un scandale, un tigre, le temple.

Le nom au singulier et au pluriel

Buvez du lait pour fortifier les dents et les os.
lait : nom singulier — dents, os : noms communs pluriels

Singulier et pluriel : quand les utiliser ?

□ On utilise le singulier quand le nom désigne un seul être ou un seul objet : *une montagne, un bateau.*
□ Les noms de matière et les noms abstraits s'emploient au singulier : *le beurre, l'orgueil.*
□ On utilise le pluriel quand le nom désigne plusieurs êtres ou plusieurs objets : *les commerçants, des allumettes.*
□ Les noms suivants s'emploient seulement au pluriel :
bestiaux, entrailles, épousailles, fiançailles, floralies, funérailles…

La règle générale du pluriel des noms

On ajoute *s* au nom singulier : *boîte* → *boîte**s**.*

Les noms singuliers en *ail*

Ils suivent la règle générale : *détail* → *détail**s**.*
Sauf : *bail* → *baux, corail* → *coraux, soupirail* → *soupiraux, travail* → *travaux, vantail* → *vantaux, vitrail* → *vitraux.*

Les noms singuliers en *ou*

Ils suivent la règle générale : *trou* → *trou**s**.*
Sauf : *bijou* → *bijoux, caillou* → *cailloux, chou* → *choux, genou* → *genoux, hibou* → *hiboux, joujou* → *joujoux, pou* → *poux.*

Les noms singuliers en *al*

Ils font leur pluriel en ***aux*** : *journal* → *journ**aux**.*
Sauf : *avals, bals, cals, carnavals, cérémonials, chacals, chorals, festivals, régals, récitals.*

Les noms singuliers en *au, eau, eu*

Ils font leur pluriel en *x* :
tuyau → *tuyau**x**,*
étau → *étau**x**,*
poteau → *poteau**x**,*
pinceau → *pinceau**x**,*
cheveu → *cheveu**x**,*
neveu → *neveu**x**,*
Sauf : *landaus, sarraus, bleus, pneus, lieus* (poissons).

LES NOMS COMPOSÉS ET LES NOMS PROPRES

■ Faut-il un trait d'union ?

En règle générale, les éléments d'un nom composé sont reliés par un trait d'union : *après-midi, beaux-arts, libre-service, procès-verbal,* etc. Il existe cependant des exceptions : *château fort, compte courant, compte rendu, extrême gauche, huis clos, libre arbitre, mot clé, parti pris, tiers monde*, etc.

■ L'accord des noms composés

Le nom composé peut être formé de cinq façons différentes.

Nom + préposition + nom : le 1er nom s'accorde.
Des cartons à dessin, des fusils de chasse.

Nom + nom : les 2 noms s'accordent.
Des wagons-lits, des chefs-lieux.

Nom + adjectif : le nom et l'adjectif s'accordent.
Des rouges-gorges, des coffres-forts.

Adverbe + nom : le nom s'accorde.
Des en-têtes, des avant-postes.

Verbe + nom : le nom s'accorde.
Des chauffe-bains, des tire-bouchons.

Ils sont invariables : *des pot-au-feu, des pare-brise, des porte-monnaie, des grille-pain, des faire-part, des pur-sang, des chasse-neige, des trouble-fête*, etc.

■ L'accord de *demi, mi, nu, semi*

▪ *Mi, semi, nu* sont invariables quand ils précèdent un nom. Ils sont obligatoirement suivis d'un trait d'union.
À mi-hauteur. Nu-tête.

▪ *Demi* est invariable quand il précède le nom. Il est alors suivi d'un trait d'union.
Une demi-heure s'est écoulée depuis son départ.

■ Les noms propres sont invariables

Noms de marque : *des Renault, les Auchan.*
Noms d'œuvre d'art : *des Monet.*
Noms de famille : *les Courtial, les Bojanek.*
On met cependant un *s* aux noms de familles illustres : *les Bourbons, les Condés.*

EXERCICE 1

Écrivez les noms suivants au pluriel.
Un loup, un sou, un genou, un oiseau, un gaz, un corps, un rail, un tombeau, un emploi, un œil, un régal, un bleu.

EXERCICE 2

Trouvez dans chaque liste le seul mot qui ne s'emploie qu'au pluriel.
1. Des batailles, des funérailles, des mailles, des murailles, des trouvailles, des tailles. 2. Des bibliothèques, des évêques, des obsèques, des pastèques, des chèques. 3. Des zèbres, des ténèbres, des vertèbres.

EXERCICE 3

Écrivez au pluriel les noms composés suivants.
Un chef-lieu, un oiseau-mouche, un loup-garou, un avocat-conseil, une idée-force, un long-courrier, un coffre-fort, une basse-cour.

L'origine des noms de famille

Jusqu'au xe siècle, chaque Français ne portait qu'un prénom. Aujourd'hui, on distingue quatre grandes catégories de noms de famille : les noms qui ont pour origine un prénom, comme *Jaccord, Jacquard, Jacquemier* (Jacques) ; ceux qui désignent un métier ou une fonction (*Boulanger, Cordonnier, Lemaire*) ; ceux qui étaient un sobriquet (*Leroux, Gaillard, Lerat*) ; ceux enfin qui désignent un lieu ou une région (*Manneville, Lenormand, Précy*...).

Le pronom personnel

Il me semble que je l'ai informé.

- *Il* : pronom personnel sujet, 3e personne du singulier
- *me* : pronom personnel complément d'objet second, 1re personne du singulier
- *je* : pronom personnel sujet 1re personne du singulier
- *l'* : pronom personnel complément d'objet direct, 3e personne du singulier, forme élidée

Qu'est-ce qu'un pronom personnel ?

□ Un pronom personnel peut servir à désigner la personne qui parle : ***Je** suis né à Bordeaux.*

□ Il peut aussi servir à désigner la personne à qui l'on parle : ***Vous** passerez à mon bureau avant de partir.*

□ Il peut servir à désigner la personne ou l'objet dont il est question : ***Elle** passe son examen le mois prochain. Je **l'**encouragerai.*

L'emploi des pronoms de la 1re et de la 2e personne

	Singulier		Pluriel	
	Sujet	Complément	Sujet	Complément
1re personne	*je, moi*	*me, moi*	*nous*	*nous*
2re personne	*tu, toi*	*te, toi*	*vous*	*vous*

Ces pronoms désignent une ou plusieurs personnes. Ces personnes sont déterminées par les circonstances de la parole : ***Moi**, **je** ne suis pas d'accord. Avez-**vous** entendu la nouvelle ?*

Dans une conversation, « moi », « je » ou « vous » sont identifiés par l'interlocuteur.

L'emploi des pronoms de la 3e personne

	Singulier		Pluriel	
	Sujet	Complément	Sujet	Complément
3e personne	*il, elle, lui*	*le, la, lui, l'*	*ils, elles, eux*	*elles, eux, les, leur*

Ces pronoms remplacent un nom déjà cité dans la conversation ou dans le texte. Ils permettent d'éviter une répétition :

*Marc fait réviser sa voiture, il ne peut pas te **la** prêter.*

Quelle est la fonction du pronom personnel ?

Le pronom personnel a les mêmes fonctions que le nom dans la phrase. Il peut être :

– sujet : ***Tu** serais le gendarme, **lui** serait le voleur* ;

– complément d'objet direct : *Liez la sauce, puis versez-**la** dans un plat* ;

– complément d'objet second : *Ils **leur** ont donné des billets gratuits.*

L'USAGE ET L'ORTHOGRAPHE

On doit dire

On ne dit pas « *Apporte-moi-le* » qui est incorrect, mais « *Apporte-le-moi* ». De même, on évite « *Donnez-en-moi deux* », pour préférer « *Donnez-m'en deux* ». On dit « *Méfie-t'en* », et non « *Méfie-toi (z') en* » ; « *Je me le rappelle* » et non « *Je m'en rappelle* ». On dit « *C'est moi qui viendrai* » et non « *C'est moi qui viendra* ».

Faut-il écrire *leur* ou *leurs* ?

- On écrit *leur* quand on peut le remplacer par *lui*.

Je leur répondrai → Je lui répondrai.
Réponds-leur → Réponds-lui.

- On écrit *leurs* quand on peut le remplacer par *ses*.

Ils ont revendu leurs skis → Ils ont revendu ses skis.

L'emploi de *en* et *y*

En et *y* sont des pronoms adverbiaux quand ils représentent un nom ou un groupe nominal, ou une phrase.

Un nom :
Quel arôme, ce café ! J'en prendrais bien une tasse !
Il faut que je descende à la cave. Ne te dérange pas, j'y vais.
Un groupe nominal :
Des pêches mûres et juteuses à souhait, nous en avons mangé tout l'été.
Une phrase :
Ils ne vendront pas, Jacques s'y oppose.

EXERCICE 1

Le pronom personnel permet d'éviter les répétitions.
Mettez le pronom personnel qui convient.

1. N'oubliez pas d'apporter des fleurs à sa femme, ... adore. 2. Il est allé au match et ne ... a pas regretté. 3. Me donneras-tu une chance ? Je te ... donnerai à une condition. 4. Elles ont oublié leurs boucles d'oreilles, ... sont dans la salle de bains, il faudra ... ... rendre. 5. Jean a montré sa nouvelle voiture à ses copains, ... a fait une grande impression. 6. Il a téléphoné à son père pour ... dire de passer à 8 heures.

EXERCICE 2

Complétez par le pronom personnel qui convient.

1. Nous avons une réponse à cette question mais nous ... reviendrons plus tard. 2. Ne revenez pas sur ce sujet, nous ... avons déjà débattu. 3. Avez-vous vu Martine ? Il faudrait ... prévenir que le patron ... demande de venir plus tôt demain. 4. Si ... prends la voiture, ... auras du mal à ... garer. 5. Comment ... est-il arrivé là ? J'... suis encore à me ... demander. 6. Le moteur ne tourne pas bien, voulez-vous ... jeter un coup d'œil ?

EXERCICE 3

Remplacez les pointillés par *leur* ou *leurs*.

1. Ce sont ... enfants. 2. Il ... enverra un télégramme. 3. Il faudra ... rendre ... lunettes. 4. J'ai mis ... bouteilles au frais. 5. Donnez-... cette satisfaction. 6. Nous ... montrerons ... erreurs. 7. Prêtez-... vos jumelles. 8. ... voisins ... ont fait savoir qu'ils n'étaient pas d'accord. 9. Nous ... sommes reconnaissants de nous avoir aidés dans cette circonstance. 10. ... garage est bien plus grand que le nôtre ! 11. ... fils étaient ensemble au collège. 12. Ces gens-là, ... sourire est utile, ils sont toujours de mauvaise humeur.

Le pronom indéfini

Il se doute de quelque chose.
pronom indéfini exprimant l'inconnu, complément d'objet indirect du verbe *se douter*

Personne ne s'est encore manifesté.
pronom indéfini exprimant la quantité zéro, sujet du verbe *se manifester.*

Qu'est-ce qu'un pronom indéfini ?

Un pronom indéfini sert à désigner une personne ou un objet dont l'identité n'est pas déterminée.
*Ne confions pas cette tâche à **n'importe qui**.*
*Je t'ai apporté des livres, **certains** t'amuseront.*

Quand faut-il employer un pronom indéfini ?

On emploie un pronom indéfini :
– pour exprimer l'inconnu : *on, n'importe qui, n'importe quoi, quelqu'un, quelque chose, autre chose.*
***On** a sonné.*
*Ne faites pas **n'importe quoi**.*
***Quelqu'un** peut-il m'aider ?*
– pour exprimer un ensemble : *tous, tout, tout le monde.*
*Ils ont invité **tout le monde**.*
***Tout** est perdu fors l'honneur.*
– pour exprimer la quantité zéro : *nul, nulle, rien, personne.*
***Personne** ne lui fait de cadeau.*
*Nous n'avons **rien** entendu.*
***Nul** n'est prophète en son pays.*
– pour représenter un nom déjà cité : *l'un, les uns, l'autre, les autres, quelques-uns, certains, plusieurs, beaucoup, la plupart, chacun, chacune, aucun, aucune.*
*Parmi les journalistes, **la plupart** exercent leur métier avec passion.*
*J'ai appelé les enfants, **aucun** n'a répondu.*

Quelle est la fonction du pronom indéfini ?

Le pronom indéfini a les mêmes fonctions que le nom dans la phrase. Il peut être :
– sujet : ***Beaucoup** ont été déçus.*
*Que **personne** ne sorte.*
– complément d'objet direct : *Donnez-moi **autre chose**.*
Ne dites plus ***rien***.
– complément d'attribution : *Nous enverrons un mot à **chacun**.*
*Je ne confierais cette tâche à **personne**.*
– complément d'objet indirect : *Il faudra faire appel à **quelqu'un** pour nous aider.*
*Cette solution convient à tout le **monde**.*

L'ACCORD DU PRONOM ET DU VERBE

La plupart, beaucoup, trop

Avec *la plupart, beaucoup, trop*, le verbe est toujours à la 3e personne du pluriel.
Ils étaient furieux ; la plupart protestèrent.
Beaucoup assistaient à la cérémonie.
Avec *tout le monde*, le verbe est toujours à la 3e personne du singulier.
Tout le monde a été convoqué.

Faut-il écrire *on* ou *ont* ?

- On écrit *on* quand on peut le remplacer par *quelqu'un.*
On demande une secrétaire → Quelqu'un demande une secrétaire.
- On écrit *ont* quand on peut le remplacer par *avaient*.
Ils ont perdu leurs clés → Ils avaient perdu leurs clés.

La négation

Dans une phrase négative, il ne faut pas oublier le premier élément de la négation *n'* après *on* si le verbe commence par une voyelle. Pour éviter de se tromper, on peut remplacer *on* par *il*.
*On a reçu son père mais on **n'a pas** accepté qu'il entre.*
*Il a reçu son père mais il **n'a pas** accepté qu'il entre.*
*On **n'imagine pas** à quel point on est embarrassé.*
*Il **n'imagine pas** à quel point il est embarrassé.*

EXERCICE 1

Choisissez le pronom indéfini qui convient : *aucun, quelque chose, rien, n'importe quoi, chacun, personne, aucune, qui,* etc.
1. Avez-vous eu des jours d'absence ? Non, ... 2. À quoi pensez-vous ? À ... . 3. ... mieux que lui ne sait ce qui me convient. 4. ... fut récompensé selon son mérite. 5. Savez-vous ... ? ... d'entre elles ne répondit. 6. Ce n'est pas une raison pour faire ... . 7. ... n'arrive à le décider à agir. 8. Alors ... peut arriver sans qu'on s'en aperçoive ? 9. ... fera l'affaire. 10. ... ne veut répondre à cette question ? 11. ... n'a réclamé quoi que ce soit. 12. ... me dit que tu auras de la visite.

EXERCICE 2

Choisissez : *on* ou *ont* ?
1. ... m'a donné rendez-vous. 2. Ils ... les cheveux trop longs. 3. ... raconte que les Martin ... divorcé. 4. Il faut qu'... se voie bientôt. 5. Elles n'... pas répondu. 6. Est-ce que Gérard et Nicole t'... invité aussi ? 7. C'est drôle, ... dirait qu'... nous surveille. 8. Les charpentiers ... terminé le toit aujourd'hui. 9. Comment fait-... pour rejoindre l'autoroute ? 10. Je crois qu'... tourne à droite quand ... a dépassé le carrefour. 11. Ils ... demandé à être reçus mais ... ne sait pas si ce sera accepté. 12. ... peut les convaincre si ... choisit les bons arguments.

EXERCICE 3

Choisissez le pronom indéfini qui convient. Plusieurs solutions sont parfois possibles.
1. ... est arrivé, nous pouvons passer à table. 2. Parmi les estivants, ... passent leurs vacances au bord de la mer. 3. Voici les ouvrages que vous trouverez dans la bibliothèque, mais attention, ... ne sont pas disponibles. 4. Hélas, ... ne peut ... pour lui. 5. Nous n'avons pas cet article, mais je peux vous proposer ... de similaire. 6. Il y a beaucoup de clés, mais ... ne correspond à cette porte. 7. ... de mal intentionné aurait pu profiter de la situation. 8. Ces objets sont intéressants, mais ... sont loin de valoir le prix proposé.

Le pronom relatif

C'est un acteur qui avait beaucoup de talent.
pronom relatif simple qui a pour antécédent *acteur*, sujet du verbe *avoir*

Ils ne quitteront pas le quartier auquel ils sont attachés.
pronom relatif contracté qui a pour antécédent *quartier*, complément d'objet indirect du verbe *attacher*

Qu'est-ce qu'un pronom relatif ?

Le pronom relatif sert à désigner un nom (ou un groupe nominal) déjà mentionné. Ce nom (ou ce groupe nominal) s'appelle l'antécédent.

Prête-moi le magazine ***que*** *tu lisais hier.*
antécédent pronom relatif

Simples	*qui, que, quoi, dont, où*
Composés	*lequel, laquelle, lesquels, lesquelles*
Contractés	*auquel, duquel,* *auxquels, desquels,* *auxquelles, desquelles*
Locutions pronominales relatives	Ce sont toutes celles que l'on peut former en faisant précéder *qui, que, quoi, où, lequel, laquelle, lesquels, lesquelles* d'une préposition ou d'une locution prépositive

Quand faut-il employer le pronom relatif ?

☐ On emploie un pronom relatif pour réunir deux phrases simples en une phrase unique. La proposition introduite par le pronom relatif s'appelle proposition relative. Le pronom relatif lie la subordonnée qu'il introduit au nom qu'il représente (son antécédent).

Il a acheté la Renault. La Renault vient de sortir.
Il a acheté la Renault ***qui*** *vient de sortir.*

☐ Certaines propositions relatives n'ont pas d'antécédent.

Qui *trop embrasse mal étreint.*
Interrogez ***qui*** *vous voudrez.*

Quelle est la fonction du pronom relatif ?

Le pronom relatif a les mêmes fonctions que le nom. Il peut être :

– sujet : *C'est un architecte* ***qui*** *a fait les plans.*

– complément d'objet direct : *Le magnétoscope* ***que*** *j'ai acheté est en panne.*

– complément d'objet indirect : *Voilà l'homme à* ***qui*** *je pense pour cette mission.*

– complément circonstanciel :
Nous nous arrêtons souvent dans cet hôtel ***où*** *nous avons nos habitudes.*

– complément du nom : *Le magazine* ***dont*** *il est question sortira en janvier.*

EMPLOYEZ LES PRONOMS SANS VOUS TROMPER

■ Faut-il écrire *qui* ou *qu'il* ?

■ On emploie obligatoirement *qu'il* avec le verbe falloir (verbe toujours impersonnel).
Nous ferons ce qu'il faut pour le convaincre.

■ On emploie généralement *qui* avec les verbes convenir, importer, prendre, résulter, se passer.
Je me demande ce qui lui conviendrait.
Qu'est-ce qui lui prend ?

■ On emploie *qui* ou *qu'il* avec les verbes plaire et rester.
Il a mangé ce qui restait dans son assiette ; ou : *Il a mangé ce qu'il restait dans son assiette.*

■ *À qui*

À qui s'emploie de préférence pour les personnes. *La femme à qui je pense.*

■ *Auquel, lequel*

Auquel, lequel... s'emploient plutôt pour des inanimés.
Le problème auquel j'ai réfléchi.

■ *Dont*

Dont n'est jamais suivi de *en* (on ne dit pas : un succès dont j'en suis fier) ; ce serait une répétition. L'expression correcte est : *Un succès dont je suis fier.*

■ *Ce dont*

Ce dont s'emploie avec les verbes suivis de la préposition *de (avoir peur, parler, être responsable, douter*, etc.)
Voilà ce dont il avait peur.

■ *Ce à quoi*

Ce à quoi s'emploie avec les verbes suivis de la préposition *à* (*s'intéresser, réfléchir, travailler, penser,* etc.) *C'est ce à quoi il faut s'attendre.*

EXERCICE 1

Repérez les pronoms relatifs et leurs antécédents. En associant A, B et C, composez 5 phrases correctes.

A
La lettre
Les amies
C'est la ville
Il a rencontré quelqu'un
Voici des arguments

B
où – avec lesquels – qui – dont – à laquelle.

C
je t'ai parlé vont arriver.
Martine a fait ses études.
semble compétent.
nous pourrons convaincre.
je pense doit être dans ce tiroir.

EXERCICE 2

Complétez chaque phrase avec le pronom relatif qui convient.

1. La solution... vous pensez n'est peut-être pas la meilleure. C'est pourtant celle ... nous devrons nous contenter. 2. Connaissez-vous la personne avec ... il bavardait ce matin ? 3. L'épisode ... tu fais allusion n'a échappé à personne. 4. Elle réalisa enfin le projet ... elle pensait depuis si longtemps. 5. C'est une pièce ... le soleil ne pénètre jamais. 6. J'ai perdu la bague ... tu m'as offerte. 7. La société ... il travaille est en pleine expansion. 8. Donnez-moi une adresse ... je puisse vous joindre. 9. Montrez-nous la maison ... il a héritée de sa mère. 10. Voici la raison ... je vous ai convoqué. 11. Choisissez l'heure ... vous convient. 12. Voici les échantillons ... je vous ai promis.

Le pronom interrogatif

***Que** choisirez-vous comme logo ?*
pronom interrogatif simple employé sans antécédent, complément d'objet direct du verbe *choisir*

Il y avait plusieurs allées mais nous ne savions laquelle prendre.
pronom interrogatif composé représentant le mot *allée*, complément d'objet direct du verbe *prendre*

Qu'est-ce qu'un pronom interrogatif ?

☐ Le pronom interrogatif permet de construire une phrase interrogative à interrogation partielle, portant sur l'identité du sujet ou du complément d'objet du verbe : ***Qui** sera invité ?*

☐ Le pronom interrogatif peut représenter une idée ou une personne : ***Que** voulez-vous ?*

Il peut rappeler une idée ou une personne : *Ils ont deux filles presque du même âge, **de laquelle** parles-tu ?*

Il peut annoncer une idée ou une personne : ***Avec lequel** de ces deux hommes en costume gris a-t-il été vu ?*

Simples	*qui, que, quoi* *quel, quelle, quels, quelles*
Composés	*lequel, laquelle, lesquels, lesquelles*
Contractés	*auquel, auxquels, auxquelles,* *duquel, desquels, desquelles*
Formes renforcées	*qui est-ce que, qui est-ce qui,* *qu'est-ce que, qu'est-ce qui,* *de quoi est-ce que, auquel est-ce que,* *par lesquels est-ce que*, etc.
Locutions pronominales interrogatives	Ce sont toutes celles que l'on peut former en faisant précéder un pronom simple, composé ou contracté d'une préposition ou d'une locution prépositive

Comment faut-il employer le pronom interrogatif ?

☐ Les pronoms interrogatifs simples sont employés sans antécédent : ***Que** veux-tu faire demain ?*

☐ Les pronoms interrogatifs composés sont mis à la place d'un nom situé avant ou après eux : ***Lequel** de ces châteaux avez-vous visité ?*

Quelle est la fonction du pronom interrogatif ?

Le pronom interrogatif a la même fonction que le nom. Il peut être :
- sujet : ***Qui** fait l'unanimité ?*
- attribut : *Dis-moi **qui** tu es.*
- complément d'objet direct : ***Que** mettrez-vous pour voyager ?*
- complément d'objet indirect : *À **quoi** penses-tu ?*

LEQUEL, LAQUELLE, LESQUELS

Interrogation partielle ou interrogation totale ?

■ L'interrogation partielle porte sur le sujet, les compléments d'objet du verbe, ou les circonstances de l'action. Elle commence toujours par un mot interrogatif. On ne peut répondre ni par oui ni par non.
Avec qui es-tu rentré hier soir ?
Pourquoi fais-tu la tête ?
Quand avons-nous pris rendez-vous ?

■ L'interrogation totale porte sur l'action exprimée par le verbe. On répond par oui ou par non.
Avez-vous rempli le questionnaire ?
Est-ce que vous répondrez à cette annonce ?
Tu es déjà là ?

L'emploi de *lequel, laquelle, lesquels*

■ *Lequel, duquel, auquel* représentent un nom masculin singulier.
Il y a deux Julien Béranger : le père et le fils. ***Auquel*** *voulez-vous parler ?*

■ *Laquelle, de laquelle, à laquelle* représentent un nom féminin singulier.
Je ne sais pas ***laquelle*** *choisir de ces pâtisseries.*

■ *Lesquels, desquels, auxquels* représentent un nom masculin pluriel.
De tous ces livres, ***lesquels*** *seront encore lus dans cent ans ?*

■ *Lesquelles, desquelles, auxquelles* représentent un nom féminin pluriel.
Contre ***lesquelles*** *de ces maladies faut-il être vacciné ?*

EXERCICE 1

Placez les bons pronoms interrogatifs.

1. Nous ignorons ... sera choisi. 2. De ces deux affirmations ... est vraie ? 3. ... choisiras-tu comme témoin ? 4. Toutes ces robes me plaisent, alors ... choisir ? 5. ... est-ce ... t'empêche de refuser ? 6. Ces mesures sont justes ; on se demande ... on pourrait contester. 7. ... de ces disques offrirais-tu à un adolescent ? 8. ... parlez-vous ? 9. ... jour partez-vous ? 10. Sans radio, comment savoir ... a gagné la course ? 11. Ils sont deux médecins dans ce cabinet, ... parlez-vous ? 12. Tu es tout essoufflé, ... t'arrive-t-il ? 13. Je ne sais pas avec ... nous pourrions faire équipe. Pas avec Bruno en tout cas ! 14. ... parmi ces livres ont été sélectionnés pour le concours ? 15. Elle voudrait savoir ... circonscription elle dépend.

EXERCICE 2

Quelle est la fonction du pronom interrogatif dans les phrases suivantes ?

1. Qui veut répondre ? 2. Que voyez-vous dans vos jumelles ? 3. De ces deux vélos, lequel choisirais-tu ? 4. J'ai des amis, mais sur qui pourrais-je compter en cas d'accident ? 5. Nous connaissons peu les candidats ; pour lequel faut-il voter ?

Qui, où, quand, quoi, pourquoi ?

Chaque journaliste apprend très vite à utiliser ces différents pronoms interrogatifs. Sur le lieu d'un événement, ne multipliez pas les questions. Pour tout savoir, limitez-vous à 5 !
Qui ? Qui est concerné par l'événement ?
Où ? Où l'événement a-t-il eu lieu ?
Quand ? À quelle heure, quel jour s'est déroulé l'événement ?
Quoi ? Que s'est-il passé ?
Pourquoi ? Quelles sont les causes de l'événement ?
Les journalistes américains appellent cela la méthode des cinq W : who, where, when, what, why.

Le pronom démonstratif

***Ce** ne sont pas mes enfants mais **ceux** de ma sœur.*

Ce : pronom démonstratif neutre pluriel, remplace le mot *enfants*, sujet du verbe *être*

ceux : pronom démonstratif masculin pluriel, remplace le mot *enfants*, attribut du sujet

Qu'est-ce qu'un pronom démonstratif ?

Le pronom démonstratif remplace une personne ou un objet déjà cités : *Avez-vous un autre modèle que **celui** qui est en vitrine ?*
Il sert aussi à représenter une idée : *Je m'occupe de **cela** tout de suite.*

Les pronoms démonstratifs simples

	Masculin	Féminin	Neutre
Singulier	*celui*	*celle*	*ce*
Pluriel	*ceux*	*celles*	*ce*

Celui, celle, ce, ceux, celles, sont toujours accompagnés d'un complément.
*Je n'aime pas la mode cette année, je préférais **celle** de l'an dernier.*

Les pronoms démonstratifs composés

Démonstratifs prochains			
Singulier	*celui-ci*	*celle-ci*	*ceci*
Pluriel	*ceux-ci*	*celles-ci*	

Démonstratifs lointains			
Singulier	*celui-là*	*celle-là*	*cela*
Pluriel	*ceux-là*	*celles-là*	

□ On utilise les pronoms démonstratifs composés avec *ci* pour désigner une personne ou un objet proche, alors que les pronoms démonstratifs composés avec *là* désignent une personne ou un objet éloigné : *Ils étaient deux frères, Jean et Olivier. **Celui-ci** devint forgeron, **celui-là** maçon.* (*Celui-ci* représente Olivier, *celui-là* Jean.)
□ *Ceci* et *cela* désignent ce que l'on montre ou représentent une idée : *Buvez **ceci**. Il ne sait pas **cela**.*

Quelle est la fonction du pronom démonstratif ?

Le pronom démonstratif peut être :
– sujet : ***Ce** sera amusant.*
– attribut : *Mon pull ressemble à **celui-là**.*
– complément d'objet direct : *Donnez-moi **cela**.*
– en apposition : ***Cela**, c'est mon affaire.*

CECI, CELA, CE, SE ou CEUX

■ *Ceci, cela*

■ *Ceci* annonce ce qui va suivre.
Je tiens à vous dire ceci : je suis au courant...

■ *Cela* renvoie à ce qui précède. On ne dit donc pas « *ceci dit* » mais « *cela dit* ».
Vous avez raison ; cela dit, mon opinion est différente.

■ Faut-il écrire *ce, se* ou *ceux* ?

■ *Ce* est un déterminant démonstratif placé devant un nom : *ce* chapeau, ou un pronom démonstratif. Lorsqu'il est pronom, on écrit *ce* quand on peut le remplacer au singulier par *ceci* ou *cela*.
Ce *sont des choses qui arrivent.*
Ceci est une chose qui arrive.
Et pourtant **c'***était vrai. Et pourtant, cela était vrai.*

■ *Se* est le pronom personnel réfléchi de la 3e personne du singulier, ou du pluriel qu'on utilise avec un verbe dit pronominal : *se promener, se demander, s'habiller,* etc.
On écrit *se* quand on peut remplacer la 3e personne par la première ou la deuxième :
Les enfants ***se*** *sont habillés rapidement.*
Je me suis habillé.
Tu t'es habillé.

■ *Ceux* est un pronom démonstratif pluriel. On écrit *ceux* quand on peut le remplacer par le pronom démonstratif singulier *celui.*
Ceux *qui mentent seront punis.*
Celui qui ment sera puni.

EXERCICE 1

Choisissez le pronom démonstratif qui convient (celle, ceci, ceux, celui, cela, ce).

1. C'est précisément ... que je veux vous faire comprendre. 2. Dans ce jeu, c'est ... qui marque le minimum de points qui gagne. 3. ... qui arriveront les premiers seront les premiers servis. 4. Veuillez prendre connaisance de ... . 5. Ils ne savent pas encore ... qu'ils feront pour les vacances. 6. Je n'ai pas trouvé d'ampoules au supermarché et pourtant j'aimerais remplacer ... qui manque à la cuisine. 7. Vous m'avez déjà dit ... avant-hier. 8. Je n'achèterai plus de raisins, ... d'hier étaient trop acides. 9. J'aime bien le gilet gris, mais ... a l'air plus confortable. 10. Ne répète à personne ... que je t'ai raconté. 11. Que ... qui apprécient cette émission nous écrivent. 12. ... me semble bien loin, à présent ! 13. Il craint que ... lui fasse de la peine.

EXERCICE 2

Utilisez le pronom démonstratif composé qui convient dans chacune des phrases suivantes.

1. En effet, cette maison est jolie, mais ... qui se trouve au bout de la rue est typique. 2. On voyait deux régiments. ... revint, ... disparut au combat. 3. Comment allons-nous nous en sortir, ces deux chemins semblent aussi dangereux l'un que l'autre ? ... longe la falaise, ... descend jusqu'au rivage.

EXERCICE 3

Quelle est la fonction du pronom démonstratif dans chacune des phrases suivantes ?

1. J'avais confondu ma moto avec celle-là. 2. Ça n'avait aucune importance. 3. Prenez cela, c'est bon pour le rhume. 4. « Tu me paieras cela », a crié celui-ci à celui-là. 5. Répétez-moi ça. 6. Celui-ci est beaucoup plus intéressant. 7. Ça n'a l'air de rien mais c'est très délicat. 8. C'est urgent, il faut expédier ça tout de suite. 9. Ah ! celui-là, on ne le changera pas ! 10. Prends ce que tu veux.

Le pronom possessif

Si vous n'avez pas de stylo, je vous prête le mien.
pronom possessif 1re personne du masculin singulier

Notre voiture est confortable, mais la leur est plus rapide.
pronom possessif 3e personne du féminin singulier

Qu'est-ce qu'un pronom possessif ?

□ Le pronom possessif remplace un nom déjà cité, accompagné d'une indication de personne et de possession.

□ Il est composé d'un article défini et de la forme forte du déterminant possessif qui n'est plus employée aujourd'hui (*mien, tien, sien*, etc.).

C'est ta voiture ? Oui, c'est ***la mienne****.*
Je n'aime pas les chapeaux, mais ***le vôtre*** *est joli.*
Nos enfants rentrent de vacances demain, et ***les leurs*** *reviennent dimanche.*

Comment accorder le pronom possessif ?

Le pronom possessif s'accorde avec la personne (1re, 2e, 3e personne) et avec le genre (masculin ou féminin) et le nombre de l'objet possédé.

		Singuliers (un seul objet possédé)		**Pluriels** (plusieurs objets possédés)	
Objet(s) possédé(s)	1re pers. masc. fém.	*le mien* *la mienne*	*le nôtre* *la nôtre*	*les miens* *les miennes*	*les nôtres* *les nôtres*
Objet(s) possédé(s)	2e pers. masc. fém.	*le tien* *la tienne*	*le vôtre* *la vôtre*	*les tiens* *les tiennes*	*les vôtres* *les vôtres*
Objet(s) possédé(s)	3e pers. masc. fém.	*le sien* *la sienne*	*le leur* *la leur*	*les siens* *les siennes*	*les leurs* *les leurs*

Quelle est la fonction du pronom possessif ?

Le pronom possessif a la même fonction que le nom. Il peut être :

– sujet : *À quelle heure est votre train ?* ***Le mien*** *part dans cinq minutes.*
Ce régime donne des résultats rapides mais ***le nôtre*** *est plus équilibré.*

– attribut : *Ce manteau ressemble* ***au tien****.*
Ta femme est intelligente mais je trouve ***la sienne*** *charmante.*

– complément d'objet direct : *Je ne veux plus de ton vélo. Rends-moi* ***le mien****.*
Nous avons oublié nos jumelles.
Pouvez-vous nous prêter ***les vôtres*** *?*

EXERCICES

EXERCICE 1

Complétez chaque phrase avec un des pronoms possessifs de la liste. Plusieurs solutions sont possibles dans chaque cas.

1. Vos arbres fruitiers sont bien fleuris, mais ... sont en retard cette année. 2. Notre chien est plus obéissant que ... . 3. Les menus qu'elle compose sont toujours mieux équilibrés que ... . 4. Je n'ai pas de programme, voulez-vous me prêter ... ? 5. Nos objectifs sont modestes mais ... sont trop ambitieux. 6. L'aide d'un ami est réconfortante. Jamais je n'oublierai ... .

EXERCICE 2

Remplacez la préposition à et le pronom personnel par un pronom possessif.
Ex : Ce manteau est à moi → Ce manteau est le mien.

1. Ce jardin est à eux. 2. Est-ce que cette cassette est à toi ? 3. Je ne pense pas que cette voiture soit à lui. 4. Le cheval qui est dans le box de droite est à nous. 5. Ces lunettes sont à moi. 6. Ce foulard est à elle. 7. Est-ce que cette maison est à vous ? 8. Ces places sont à eux. 9. Est-ce que ce chien est à toi ? 10. Tous ces enfants sont-ils à elle ?

EXERCICE 3

Écrivez le pronom possessif qui convient.
Ex : Ta montre est en or mais (1re personne du singulier) est étanche → Ta montre est en or mais la mienne est étanche.

1. Leur voiture est rapide mais (1re pers. du pluriel) est plus confortable. 2. Je ne sais pas si ton autobus passe à l'heure mais (1re pers. du singulier) est toujours en retard. 3. Tes chaussures sont jolies mais je n'aime pas du tout (3e pers. du pluriel). 4. Votre appartement est moins bruyant que (3e pers. du singulier). 5. Le raisin que j'ai acheté est moins acide que (2e pers. du singulier). 6. Vous aimez les confitures ? Nous allons vous faire goûter (1re pers. du pluriel). 7. As-tu fini ton dessin ? (1re pers. du singulier) n'est même pas commencé. 8. Tes chaussettes sont plus épaisses que (1re pers. du pluriel). 9. Notre fille apprend le piano, et (3e pers. du singulier), la danse.

EXERCICE 4

Complétez les phrases suivantes par un pronom possessif de votre choix.

1. Mon succès n'éclipsera pas ... . 2. Il s'occupait des intérêts de ses amis plus que ... propres. 3. Ils ont mieux respecté ton secret que ... . 4. Cette civilisation ancienne était presque aussi évoluée que ... . 5. Range tes affaires je m'occuperai des ... . 6. Elle ne vit que pour les ... . 7. J'ai fini mes devoirs ; as-tu fini ... ? 8. Tu pourrais y mettre du ... tout de même ! 9. Ce fauteuil est plus confortable que ... . 10. Tu as presque les mêmes lunettes que Paul mais ... sont plus rondes. 11. Serez-vous des ... demain soir ? 12. J'ai pris mon passeport, est-ce que tu as ... ?

EXERCICE 5

Remplacez par un pronom possessif le groupe nominal introduit par un déterminant possessif.

1. Ses diplômes. 2. Votre maison. 3. Leur nouvelle voiture. 4. Ton bureau. 5. Leurs idées. 6. Sa fille. 7. Notre instituteur. 8. Ses valises. 9. Vos camarades. 10. Mes impressions.

L'adjectif qualificatif

Le temps sera humide, prenez un bon imperméable.

adjectif qualificatif attribut du sujet *temps* — adjectif qualificatif épithète se rapporte au nom *imperméable*

Qu'est-ce qu'un adjectif qualificatif ?

☐ L'adjectif qualificatif se rapporte au nom.
Il en précise le sens en lui attribuant une qualité particulière.

« *Vous envoyez votre lettre au tarif **réduit** ou **normal** ?* »
nom adjectif adjectif

☐ L'adjectif qualificatif est souvent dérivé d'un nom ou d'un verbe.

Charme	→ *charmeur*	*Manger*	→ *mangeable*
Imagination	→ *imaginatif*	*Comprendre*	→ *compréhensible*
Vertu	→ *vertueux*	*Aimer*	→ *amoureux*

Les fonctions de l'adjectif qualificatif

☐ L'adjectif qualificatif peut être épithète.

– Il est dit épithète lié quand il est placé immédiatement à côté du nom auquel il se rapporte.

*Elle portait un **joli petit** chapeau **rouge**.*
adjectifs qualificatifs épithètes liés — nom — adjectif qualificatif épithète lié

– Il est dit épithète détaché (ou mis en apposition) quand il est séparé du nom auquel il se rapporte par une virgule ou par d'autres mots.

*Il montait un cheval particulièrement **vigoureux**.*
nom — adverbe — adjectif qualificatif épithète détaché

***Violente** et **soudaine**, la pluie s'abattit sur la ville.*
adjectifs qualificatifs épithètes détachés — virgule — nom

*Cette mode, toute **nouvelle**, va plaire aux jeunes.*
nom — virgule — adverbe — adjectif qualificatif mis en apposition — virgule

☐ L'adjectif qualificatif peut être attribut. Dans ce cas, il est relié au sujet par un verbe d'état (être, paraître, sembler, devenir, etc.)

*Cet enfant est **fiévreux**.*
nom sujet — verbe — adjectif attribut du sujet

*Le temps paraît toujours plus **court** en vacances.*
nom sujet — verbe — adjectif attribut du sujet

LES DEGRÉS DE SIGNIFICATION DE L'ADJECTIF

■ L'adjectif qualificatif employé au comparatif

L'emploi de l'adjectif au comparatif :
- de supériorité : *Daniel est plus âgé que Thierry* ;
- d'égalité : *Blandine est aussi blonde que Magali* ;
- d'infériorité : *Daniel est moins jeune que Thierry.*

■ L'adjectif qualificatif employé au superlatif

▪ L'emploi de l'adjectif au superlatif relatif :
- de supériorité : *Isabelle est la plus douce de toutes ;*
- d'infériorité : *Ce roman est le moins bon.*

▪ L'emploi de l'adjectif au superlatif absolu (sans comparaison) :
- de supériorité : *Stéphane est très fort ;*
- d'infériorité : *C'est une histoire très peu crédible.*

▪ L'emploi de l'adjectif au superlatif absolu progressif :
- de supériorité : *Cette émission est de plus en plus célèbre ;*
- d'infériorité : *Cette émission est de moins en moins bonne.*

EXERCICE 1

Repérez les adjectifs qualificatifs dans les phrases suivantes.
1. Le seul tableau remarquable est une grande toile encadrée de rouge. 2. Sa nouvelle voiture a été livrée la semaine dernière. 3. La pratique régulière d'un sport est indispensable à un bon équilibre. 4. Malgré un discours officiel, l'émotion était perceptible. 5. Les lave-vaisselle actuels sont efficaces et silencieux.

EXERCICE 2

Repérez les adjectifs qualificatifs dans la phrase suivante.
C'est vraiment la plus jolie jeune fille du monde. La plus fraîche, la plus pimpante. La plus jolie. Tout le matin est là qui l'entoure, qui la soulève dans l'air, la rend légère. Il est presque midi, il est dimanche. Et la voici sur les marches de sa maison, impatiente un peu, mais si heureuse. Esteban.

EXERCICE 3

Formez un adjectif avec chacun des mots suivants.
Approximation – bruit – capacité – difficulté – divergence – fable – harmonie – impatience – nausée – poids – publicité – qualité – rigueur – silence – unité – vie – honneur – nocivité.

EXERCICE 4

Formez un adjectif avec chacun des verbes suivants.
Consommer – battre – ennuyer – déduire – mettre – évoluer – recevoir – servir – trouver – inventer – danser.

EXERCICE 5

Retrouvez le nom appartenant à la même famille que l'adjectif.
Hargneux – gras – bel – mou – paresseux – spécialiste – intégrable – vengeur – sympathique – sec – excellent.

EXERCICE 6

Retrouvez le verbe appartenant à la même famille que l'adjectif.
Protecteur – salvateur – vieux – créateur – intensif – colonial – personnel – craintif – jaloux – creux – humain.

Le féminin de l'adjectif qualificatif

Un vent violent → une pluie violente

le féminin se forme en ajoutant un e final

La règle générale du féminin de l'adjectif

Le féminin de l'adjectif qualificatif se forme en ajoutant un *-e* à l'adjectif masculin.

Un repas familial	*Un acte civil*	*Un geste idiot*
Une assemblée familiale	*Une personnalité civile*	*Une expression idiote*

Quelquefois, le masculin et le féminin sont identiques.

Un cheval docile	*Une jument docile*
Un homme honnête	*Une femme honnête*
Un désir tenace	*Une envie tenace*

Certains adjectifs prennent un accent grave ou un tréma

Un nombre premier → *Une première fois*
Un ami discret → *Une cachette discrète*
Un regard inquiet → *Une foule inquiète*
Un train complet → *Une feuille complète*
De même pour *concret, replet, secret.*

Un acte ambigu → *Une parole ambiguë*
Un endroit exigu → *Une pièce exiguë*
Un angle aigu → *Une voix aiguë*
Un mur contigu → *Une pièce contiguë*

Certains adjectifs doublent leur dernière consonne

-eil → -eille : *un viel homme* → *une vieille femme*
-el → -elle : *le Nouvel An* → *la nouvelle année*
-ien → -ienne : *un livre ancien* → *une loi ancienne*
-et → -ette : *un film muet* → *une joie muette*
-on → -onne : *un bon discours* → *une bonne parole*
-s → -sse : *un mur épais* → *une cloison épaisse*

Certains adjectifs modifient leur dernière syllabe

-eur → -euse : *rieur, rieuse*
-eux → -euse : *heureux, heureuse*
-eau → -elle : *nouveau, nouvelle*
-teur → -trice : *créateur, créatrice*
-ou → -olle : *fou, folle*

-c → -que : *grec, grecque*
-c → -che : *franc, franche*
-f → -ve : *vif, vive*
-eur → -esse : *vengeur, vengeresse*

LES FÉMININS TRÈS IRRÉGULIERS

Certains adjectifs ont des féminins irréguliers

absous	absoute
andalou	andalouse
bénin	bénigne
coi	coite
dissous	dissoute
doux	douce
esquimau	esquimaude
exprès	expresse
favori	favorite
faux	fausse
frais	fraîche
franc	franque (relatif aux Francs)
gentil	gentille
hébreu	hébraïque
long	longue
nul	nulle
pâlot	pâlotte
rigolo	rigolote
roux	rousse
salaud	salope
sauveur	salvatrice
sec	sèche
tiers	tierce
traître	traîtresse
vieux	vieille

Certains adjectifs ne s'utilisent qu'au féminin

(bouche) bée
(porte) cochère
(ignorance) crasse
dive (bouteille)
(femme) enceinte
(soie) grège
(pierre) philosophale
(œuvre) pie
(veine) porte
(jument) poulinière
(fièvre) scarlatine
(rose) trémière
(noix) vomique

Certains adjectifs n'ont pas de féminin

Avant-coureur, benêt, pantois, salant, saur, snob, ultra.

Attention ! Pénitentiaire et pécuniaire gardent la même forme au masculin et au féminin.
Des ennuis pécuniaires.
Le personnel pénitentiaire.

EXERCICE 1

Accordez l'adjectif qualificatif avec le nom fénimin.

Un meuble bas	→	Une table...
Un bel album	→	Une ... avenue
Un manteau blanc	→	Une jupe...
Un texte caduc	→	Une loi...
Un livre enchanteur	→	Une histoire...
Un papier gras	→	Une crème...
Un gros camion	→	Une ... voiture
Un bonbon mou	→	Une glace ...
Un piège mortel	→	Une potion ...
Un bain turc	→	Une ville ...

EXERCICE 2

Accordez les adjectifs qualificatifs proposés entre parenthèses.

1. Une parole (confus). 2. Une région (montagneux). 3. Une (excellent) recette. 4. Une peau (net). 5. Une décision (ferme) et (définitif). 6. Une consigne (clair) et (précis). 7. Une (bon) et (heureux) année.

EXERCICE 3

Accordez les adjectifs qualificatifs proposés entre parenthèses.

1. Une saison (sec) et (ensoleillé). 2. Une relation (amoureux). 3. Une (beau) statue (grec). 4. Une amitié (franc) et (éternel). 5. Une pièce (discret). 6. Une mâchoire (chevalin).

ORTHOGRAPHE
LE GROUPE NOMINAL
LE GROUPE VERBAL
LES FONCTIONS
LA PHRASE
CONJUGAISONS

Le pluriel de l'adjectif qualificatif

Un dossier vert → des dossiers verts
adjectif dont le pluriel se forme en ajoutant un -s final

Le pluriel de l'adjectif qualificatif se forme en ajoutant un -s

Une voiture fragile	*Un pli flou.*	*Un mur extérieur.*
*Des voitures fragile**s***	*Des plis flou**s**.*	*Des murs extérieur**s**.*

Le pluriel des adjectifs qui se terminent en -eau

Les adjectifs terminés en *-eau* font leur pluriel en *-eaux*.
*Un livre nouveau → Des livres nouvea**ux**.*

Le pluriel des adjectifs qui se terminent en -al

Les adjectifs terminés en *-al* font leur pluriel en *-aux*.
*Un exercice oral → Des exercices or**aux**.*
Exceptions : *bancal → bancals, fatal → fatals, final → finals, naval → navals, tribal → tribals, glacial → glacials, marial → marials, natal → natals, tonal → tonals.*

Le pluriel des adjectifs qui se terminent en -s et -x

L'orthographe du pluriel est identique à celle du singulier.
*Un granulé dissou**s** → Des granulés dissou**s***
*Un chat rou**x** → Des chats rou**x***

L'accord de l'adjectif qualificatif

☐ L'adjectif qualificatif s'accorde toujours avec le nom auquel il se rapporte
*Choisissez des fauteuils confortable**s**.*

*Ses motifs paraissent valable**s**.*

☐ S'il qualifie plusieurs noms, l'adjectif prend la marque du pluriel.
*Le jockey a revêtu une toque et une casaque noire**s**.*

☐ S'il qualifie des noms de genres différents, l'adjectif prend la marque du masculin pluriel.
*L'équipe est habillée d'une culotte et d'un maillot bleu**s**.*

☐ Si les mots sont séparés par *ou* et s'il n'y a pas une idée d'opposition, l'adjectif prend la marque du pluriel.
*On aura besoin d'un homme ou d'une femme jeune**s**.*

☐ Si l'adjectif épithète ne se rapporte qu'à un seul des deux noms coordonnés par *et*, il ne s'accorde qu'avec lui.
*Ce dossier comporte des intercalaires et une couverture blanc**he**.*

ADJECTIFS NUMÉRAUX, ADJECTIFS DE COULEUR

Le pluriel des adjectifs numéraux

Premier, deuxième, troisième...

Ils suivent la règle générale, ils prennent un -*s* au pluriel : *les premiers rangs étaient attentifs.*

En revanche, *deux, trois, quatre, cinq, six, sept, huit, neuf* sont invariables.

Cent

Cent prend un *s* quand il est multiplié par un autre nombre et qu'il termine l'adjectif numéral : *il me doit six cents euros. Cet avion coûte deux cents millions.*

Cent ne prend pas de *s* dans le cas contraire : *ce réservoir peut contenir trois cent trente-trois litres de vin.*

Vingt

Vingt prend un *s* quand il est multiplié par un autre nombre et qu'il termine l'adjectif numéral : *il a fêté ses quatre-vingts ans.*

Vingt ne prend pas de *s* dans le cas contraire : *il me doit quatre-vingt-cinq euros.*

Le pluriel des adjectifs de couleur

L'adjectif de couleur suit la règle générale : *une toile grise → des toiles grises.*

Si deux adjectifs (ou un adjectif et un nom) sont réunis pour exprimer la couleur, ils sont tous les deux invariables :

Des manteaux vert sombre.

Des robes rose saumon.

Si la couleur est exprimée par un nom, celui-ci est invariable sauf *rose, mauve, fauve, pourpre, écarlate, orange.*

Le pluriel des adjectifs composés

L'adjectif composé s'accorde quand il est formé de deux adjectifs : *des hommes ivres-morts.*

Si le premier adjectif a le sens d'un adverbe il ne s'accorde pas : *des enfants nouveau-nés* (= nouvellement nés).

Seul l'adjectif s'accorde quand il est uni à un mot invariable : *les avant-derniers rangs. Des haricots extra-fins.*

EXERCICE 1

Accordez les adjectifs qualificatifs proposés entre parenthèses.

1 Des (bon) exemples. 2. Des (grand) bâtiments. 3. Des murs (sûr). 4. Des tapis (jaune). 5. Des lits (bleu).

EXERCICE 2

Mettez au pluriel les groupes nominaux suivants.

1. Un passage boueux – une allée boueuse. 2. Un chat craintif – une poule craintive. 3. Un arbre creux – une branche creuse. 4. Un aliment sec – une figue sèche.

EXERCICE 3

Accordez les adjectifs de couleur proposés entre parenthèses.

1. C'était un vieux livre aux dessins (noir). 2. Il portait des vêtements (rouge), ses cheveux étaient (brun), ses yeux (jaune) lui faisaient un regard étrange.

Un habit couleur puce

Puce, dans cet exemple, est un adjectif de couleur qui appartient aux 300 adjectifs de couleur de la langue française. Certaines nuances sont parfois insolites, comme les adjectifs garance, balais ou tango.

La couleur puce est une variété de brun. Au XVIIIe siècle, on distinguait même l'étoffe ventre de puce et l'étoffe dos de puce, plus foncée. Le pantalon garance faisait la fierté de l'armée française jusqu'en 1916, lorsqu'on s'avisa que ce rouge transformait chaque soldat en cible. Un rubis balais se dit d'un rubis rose. Une robe tango est une robe orange alors qu'une robe ombre est d'un jaune éteint.

Les adjectifs indéfinis, interrogatifs, exclamatifs

***Quelle** surprise pour **chaque** invité !*

adjectif exclamatif féminin singulier détermine le nom *surprise*

adjectif indéfini, détermine le nom *invité*

L'adjectif indéfini

Aucun, autre, certain, chaque, d'autre, différent, divers, maint, même, n'importe quel, nul, pas un, plusieurs, quel, quelconque, quelque, tel, tout, un certain, etc.

L'adjectif indéfini peut servir à exprimer une quantité indéterminée :
*Il me reste **quelques** billets.*
Il peut servir à désigner un être ou un objet non identifié avec précision :
*Un **certain** monsieur X vous demande.*
*Il aura eu un **quelconque** empêchement.*
Il peut désigner une quantité nulle :
*Je ne trouve **aucun** dossier à votre nom.*
Il peut servir à exprimer l'idée de répartition :
***Chaque** concurrent est à sa place.*

L'adjectif interrogatif

Quel, quelle, quels, quelles.

L'adjectif interrogatif sert à poser une question concernant un être ou un objet :
***Quel** homme peut-il se vanter d'être parfait ?*
*Pouvez-vous m'indiquer **quelle** heure il est ?*

L'adjectif exclamatif

Quel, quelle, quels, quelles.

L'adjectif exclamatif sert à exprimer un sentiment très vif :
***Quelle** expérience pour une si jeune femme !*
***Quel** gâchis ! Elles ont toutes gelé.*

L'accord des adjectifs indéfini, interrogatif et exclamatif

Les adjectifs indéfini, interrogatif et exclamatif s'accordent toujours avec le nom auquel ils se rapportent.

*Il ne faut pas manger de coquillages à **certaines** périodes de l'année.*
nom féminin pluriel

***Quel** arbre préférez-vous ?*
nom masculin singulier

***Quelle** idée de choisir un chemin si compliqué !*
nom féminin singulier

QUELLE ORTHOGRAPHE CHOISIR ?

■ *Aucun, pas un* et *nul* s'emploient le plus souvent au singulier

Aucun homme, aucune femme.
Nul représentant, nulle représentante.
Pas un drapeau, pas une décoration.
Exceptions : *aucunes* ténèbres, *nuls* décombres.
Utilisés avec des noms toujours au pluriel (décombres, immondices, funérailles, pourparlers, arrhes, honoraires, etc.), *aucun* et *nul* prennent un *s*.

■ *Plusieurs, divers* s'emploient toujours au pluriel

Plusieurs réalisations, plusieurs projets.
Divers bibelots, diverses choses.

■ *Quelque* s'écrit au singulier devant un nombre

Quelque a le sens d'*environ*. Il est alors adverbe.
Il a quelque cinquante mille euros d'économies.

■ Faut-il écrire *quelque* ou *quel(le) que* ?

▪ On écrit *quelque* quand il est suivi d'un nom. *La France a gagné quelques médailles.*
▪ On écrit *quel(le) que* quand il est suivi d'un verbe au subjonctif. *Quel* s'accorde alors avec le nom auquel il se rapporte. *Quelles que puissent être tes raisons, tu as tort.*

■ Faut-il écrire *quelle* ou *qu'elle* ?

On écrit *quelle* quand il est suivi d'un nom dans une phrase exclamative ou interrogative. *Quelle joie de vous voir !*
On écrit *qu'elle* quand il est suivi d'un verbe. *Qu'est-ce qu'elle porte ?*

EXERCICE 1

Accordez l'adjectif indéfini entre parenthèses.

1. (Tout) homme de bon sens partagerait cet avis. 2. (Quelque) éclairs ont traversé le ciel. 3. (Aucun) revue ne m'a plus intéressé que celle-là. 4. Le train a dû s'arrêter à (plusieurs) reprises. 5. À (certain) heures, le métro est inaccessible. 6. (N'importe quel) couleur dans (n'importe quel) tissu ? 7. Avez-vous d'(autre) livres aussi passionnants ? 8. Il est revenu à (maint) reprises. 9. (Divers) questions ont été abordées. 10. (Nul) preuve de sa culpabilité n'a été établie.

EXERCICE 2

Accordez l'adjectif entre parenthèses. (Attention aux adverbes).

1. (Quel) émissions regardez-vous à la télévision ? 2. (Quel) intérêt présente cet examen ? 3. Par (quel) hasard êtes-vous ici ? 4. Je vais prendre (quelque) jours de repos. 5. (Chaque) licenciée reçoit une indemnité. 6. Nous partageons les (même) rêves. 7. Comment éviter de (tel) choses ? 8. Pour (quelque) dizaines d'euros tu peux l'acheter. 9. Le premier a (quelque) cinq cents mètres d'avance. 10. (Quelque) bienveillants qu'ils soient, ils ne m'ont pas reçu.

EXERCICE 3

Choisissez la bonne orthographe : quel, quelle, quels, quelles, qu'elle, qu'elles, quel que, quels que, quelle que, quelles que.

1. ... soient les résultats de l'équipe, nous n'oublierons pas son dernier échec. 2. ... puissent être ses paroles, aucun ne se contredira. 3. Je l'achète ... en soient le prix et la couleur. 4. Mais qu'est-ce ... attend pour venir ouvrir ? 5. ... temps fait-il ce matin ? 6. Veillez à ce ... n'attendent pas trop longtemps.

Le déterminant démonstratif

***Ce** meuble doit rester à sa place.*
déterminant démonstratif simple

***Cette** console-**là** est en promotion.*
déterminant démonstratif renforcé, féminin singulier

Qu'est-ce qu'un déterminant démonstratif ?

☐ Le déterminant démonstratif sert à désigner un être ou un objet identifié précisément :
– dans l'espace : *Asseyez-vous dans **ce** fauteuil* ;
– dans le temps : *Je vais écrire **cette** semaine* ;
– dans l'énoncé antérieur : *Je regarde par la fenêtre, et de **cette** fenêtre, j'ai une vue magnifique sur le parc.*

	Masculin singulier	Masculin singulier	Féminin singulier	Pluriel
Déterminants démonstratifs simples	*ce*	*cet*	*cette*	*ces*
Déterminants démonstratifs renforcés	*ce ...-ci* *ce ...-là*	*cet ...-ci* *cet ...-là*	*cette ...-ci* *cette ...-là*	*ces ...-ci* *ces ...-là*

☐ On ajoute *-ci* pour désigner un objet ou un être proche : *Ces oiseaux-**ci** viennent picorer dans sa main.*
On ajoute *-là* pour désigner un objet ou un être éloigné : *Cette année-**là** vit la mort de Kennedy et l'arrivée de Johnson au pouvoir.*
☐ Le déterminant démonstratif s'emploie quelquefois pour mettre en valeur, d'une manière positive ou négative, l'être ou l'objet dont on parle : *« Mon père, ce héros au regard si doux »* (V. Hugo).

Comment s'accorde le déterminant démonstratif ?

☐ Le déterminant démonstratif s'accorde toujours avec le nom auquel il se rapporte.

Ce panneau se voit pourtant de loin.
nom masculin

***Cet** énergumène raconte vraiment n'importe quoi !*
nom masculin

*Mettez plutôt **cette** robe, elle vous va très bien.*
nom féminin

***Ces** petits défauts disparaîtront à la longue.*
nom masculin pluriel

***Ces** tartelettes sont vraiment excellentes.*
nom féminin pluriel

QUELLE ORTHOGRAPHE CHOISIR ?

■ Faut-il écrire *ce* ou *cet* ?

On écrit *cet* (au lieu de *ce*) devant un nom masculin commençant par une voyelle ou un h muet (cas où la liaison est possible : un habit). *Cet objet n'est pas à vendre.*
Cet honneur n'est réservé qu'à quelques-uns.

■ Faut-il écrire *ces* ou *ses* ?

On écrit *ses* quand on peut le remplacer par *les siennes*.
Il a rangé ses clefs dans le tiroir de la commode (c'est-à-dire les siennes).

■ Faut-il écrire *ce* ou *ceux* ?

On écrit *ce* quand il est placé devant un nom.
Ce ruban m'appartient.
On écrit *ceux* quand on peut le remplacer par *celui-là*.
Il confia ceux-là à sa secrétaire.
Il confia celui-là à sa secrétaire.

EXERCICE 1

Complétez avec le déterminant démonstratif correct : *ce*, *cet*, *cette*, *ces*.
1. ... gâteau est un peu sec. 2. ... démarche est intéressante. 3. ... enfants sont charmants. 4. ... idée est lumineuse. 5. ... article n'est pas soldé. 6. Ne mettez pas un seul centime dans ... affaire. 7. À ... propos, quand partez-vous ? 8. Vous vous en tenez à ... offre ? 9. ... hôtel me semble convenable. 10. ... livre ne s'adresse qu'à ... amateurs éclairés, rares de nos jours.

EXERCICE 2

Choisissez entre *ces* ou *ses* :
1. New York est connu pour ... gratte-ciel. 2. ... nuits-là, ils dorment peu. 3. En analysant ... photos, on établira un portrait-robot. 4. ... parents sont venus et lui ont laissé ... victuailles. 5. Il parla de ... voyages et évoqua ... amis.

EXERCICE 3

Choisissez entre *ce* et *se* :
1. ... mélange est à réaliser lorsque la température dépasse vingt degrés. 2. Le char d'assaut ... renversa d'un seul coup. 3. Je ne resterai pas une minute de plus dans ... magasin. 4. Il ... laissa tomber dans ... canapé près de la fenêtre. 5. Il ne ... laissa pas faire, ... qui déplut beaucoup.

EXERCICE 4

Choisissez entre *ce* et *ceux* :
1. ... dessin est très net. 2. Il ordonna à ...-là de s'écarter de son chemin. 3. ... que j'aime ne sont pas venus. 4. ... choix n'est pas le meilleur. 5. Offrez-vous ... chemisier-là : ...-ci sont vraiment laids.

EXERCICE 5

Complétez les phrases suivantes avec le déterminant démonstratif qui convient.
1. On envisageait ... expédition avec ... ardeur qui précède toujours les grands projets. 2. ... fois-... nous avions décidé de ne laisser aucun point de détail dans l'ombre. 3. Savez-vous que ... année-... de grands événements ont bouleversé l'organisation de ... monde ; heureusement que ... année-... on y a remédié.

EXERCICE 6

Remplacez le mot souligné par la substitution proposée.
1. Ce <u>carrefour</u> est dangereux (allée). 2. Ce <u>programme</u> est convaincant (programmation). 3. Sur ce <u>point-là</u>, j'hésite (initiative). 4. Ce <u>bilan</u> est positif (évaluation). 5. Cette <u>descente</u> est si agréable par temps sec (parcours). 6. Cet infâme <u>personnage</u> est encore là (personne) !

ORTHOGRAPHE
LE GROUPE NOMINAL
LE GROUPE VERBAL
LES FONCTIONS
LA PHRASE
CONJUGAISONS

Le déterminant possessif

Ma visite a beaucoup plu.
déterminant possessif féminin singulier, détermine le nom *visite*

Envoyez une invitation à tous nos clients.
déterminant possessif masculin pluriel, détermine le nom *clients*

Qu'est-ce qu'un déterminant possessif

Le déterminant possessif sert à désigner l'être ou l'objet possédé par un ou plusieurs possesseurs.

***Son** animal préféré est le cheval.* — être possédé par un seul possesseur

***Nos** produits sont les plus compétitifs.* — objets possédés par plusieurs possesseurs

Un seul possesseur			Plusieurs possesseurs	
Masculin singulier	**Féminin singulier**	**Pluriel des deux genres**	**Singulier des deux genres**	**Pluriel des deux genres**
mon *ton* *son*	*ma* *ta* *sa*	*mes* *tes* *ses*	*notre* *votre* *leur*	*nos* *vos* *leurs*

Comment s'accorde le déterminant possessif ?

☐ Le déterminant possessif s'accorde avec la personne (1re, 2e, 3e) et avec le genre (masculin ou féminin) de l'objet possédé.

☐ Le déterminant possessif se met au singulier lorsqu'un seul objet est possédé.

1re personne : ***Mon** envoi arrivera cette semaine. Avez-vous reçu **ma** lettre ?*
***Notre** chambre est située au sud, elle est très ensoleillée.*

2e personne : ***Ton** fils te ressemble beaucoup. **Ta** fille est aussi brune que toi.*
*Vous partagerez **votre** bureau.*

3e personne : *Il a convaincu **son** club d'acheter ce nouvel équipement.*
*Elle a rejoint **sa** nouvelle section à la rentrée.*
***Leur** seule distraction reste la télévision.*

☐ Le déterminant possessif se met au pluriel lorsque plusieurs objets sont possédés.

1re personne : ***Mes** papiers seront prêts dans quinze jours.*
***Nos** meubles sont de Normandie.*

2e personne : ***Tes** enfants n'oublient jamais **ton** anniversaire.*
***Vos** collaborateurs apprécieront beaucoup ce geste.*

3e personne : *Il a encouragé **ses** équipiers pendant la traversée.*
***Leurs** seuls amis habitent trop loin.*

QUELLE ORTHOGRAPHE CHOISIR ?

■ On utilise *son* ou *sa* avec le pronom indéfini *on*

On peut apporter son pique-nique.
On est prié de payer sa cotisation.

■ Faut-il écrire *son* ou *sont* ?

Il faut bien distinguer la graphie de *son* (déterminant possessif) et de *sont* (3e personne du pluriel du verbe être au présent de l'indicatif).
On écrit *sont* quand on peut le remplacer par *étaient*.
Elles sont venues.
Elles étaient venues.

■ Faut-il écrire *ta* ou *t'a*, *ma* ou *m'a* ?

Le même type de confusion est possible, entre *ma* et *ta* (déterminants possessifs) et *m'a* et *t'a* (du verbe avoir).
On écrit *m'a* ou *t'a* quand on peut les remplacer par *m'avait* ou *t'avait*.
Il m'a demandé de l'aider.
Il m'avait demandé de l'aider.

■ Faut-il écrire *sa* ou *ça* ?

On écrit *sa* quand on peut le remplacer par *ses*.
Sa valise est lourde.
Ses valises sont lourdes.
On écrit *ça* quand on peut le remplacer par *cela*.
Ça dépend du temps qu'il fera.
Cela dépend du temps qu'il fera.

EXERCICE 1

Choisissez entre *son* et *sont*.

1. ... avion décolle à cinq heures. 2. Elles ... venues très tôt. 3. Il a félicité ... équipe. 4. Ils se ... amusés toute la journée.

EXERCICE 2

Choisissez entre *ma*, *ta* et *m'a*, *t'a*.

1. Il a pris ... place sans m'en parler. 2. Il ... mal placé. 3. Voilà un régime qui ... réussi ! 4. Mon voisin ... offert de l'accompagner.

EXERCICE 3

Placez le déterminant possessif qui convient.

1. Il avait commencé ... travail, après avoir rendu visite à ... mère. 2. ... humeur est changeante, et ... caractère ne ressemble pas à celui de ... mère. 3. ... enfants ont compris ... intention, ils sont partis rejoindre ... bateau. 4. ... allure est bizarre, ... comportement nous inquiète, ... habits sont curieux et ... chaussures sont trop grandes.

EXERCICE 4

Transformez les groupes nominaux suivants en employant un déterminant possessif.

Ex. : Le parfum qu'elle porte → *son* parfum

1. Le village où nous habitons. 2. Les papiers qui lui appartiennent. 3. Les fleurs qu'elle a reçues. 4. Les épreuves qu'ils ont surmontées. 5. La voiture que vous avez choisie. 6. Les réserves que tu exprimes.

Vider son sac

L'expression, qui contient le déterminant possessif *son*, signifie : dire tout ce qu'on a sur le cœur quand rien ne va plus. À l'origine, le sac était un véritable sac : celui où l'avocat rangeait ses parchemins, le dossier de son client. Devant le tribunal il *vidait son sac* et défendait avec plein de fougue sa cause, celle de l'accusé. Dans *Les Plaideurs* de Jean Racine, Petit Jean, le portier du tribunal, arrive sur la scène, traînant un sac de cette sorte.

Tout, tous, toute, toutes

Ici, on mange à toute heure.
adjectif qualificatif épithète, s'accorde avec le nom *heure*

Tous sont venus.
pronom masculin pluriel, sujet du verbe *être*

Quel est le sens de *tout* ?

☐ *Tout* peut exprimer la totalité.
*En **toute** innocence. **Toutes** affaires cessantes. **Toutes** proportions gardées.*
☐ *Tout* peut avoir le sens de :
– entièrement : *Des assiettes **tout** ébréchées ;*
– chaque ou chacun : ***Tout** compte fait ;*
– n'importe quel : *À **toute** heure,* de ***tout*** *temps,* en ***tout*** *cas.*

Quelle peut être la nature de *tout* ?

Tout peut être :
– un adjectif : *Le T.G.V. file à **toute** allure* (à grande allure).
– un nom : *Prenez le **tout*** (l'ensemble).
– un pronom : *Le représentant offrit à **toutes** un échantillon* (il offrit à toutes les participantes…). ***Tous** sont venus* (ils sont venus).
– un adverbe : *Elle était **tout** en larmes* (entièrement en larmes).

Quand faut-il accorder *tout* ?

☐ *Tout* s'accorde lorsqu'il est :
– adjectif : *Il arrivera en retard selon **toute** apparence.*
__Toute__ question serait mal venue.
– nom : *Faites-moi un prix pour le **tout**.*
*L'ensemble forme des **touts** harmonieux.*
– pronom : *Vous allez être déçu par vos photos : **toutes** sont voilées.*

☐ *Tout* ne s'accorde jamais lorsqu'il est adverbe :
*Elle est **tout** habillée de noir.*
*Les jurés sont **tout**-puissants.*
*Les **tout** premiers seront récompensés.*
*Une **tout** autre réponse.*
Exceptions : il s'accorde avec un adjectif féminin commençant par une consonne ou un h aspiré.
*Une expression **toute** faite.*
*Des sirènes **toutes** hurlantes.*
La porte ***toute*** grande ouverte.
Des figures ***toutes*** pâles.

QUELLE ORTHOGRAPHE CHOISIR ?

Attention à l'orthographe des expressions suivantes !

Tout à l'heure, à toute extrémité, un tissu tout laine, tout soie, pour solde de tout compte, à toute épreuve, contre toute attente, tout feu tout flamme, en toute occasion, en toute saison, les tout débuts. Toutes choses égales, toutes réflexions faites, toutes voiles dehors, tout yeux tout oreilles, tous feux éteints, à tous crins, à tous égards, à toutes jambes, à toutes mains, tout ouïe.
Toute(s) sorte(s) de, à tout/tous coup(s), à tout/tous moment(s), à tout/tous point(s) de vue, de tout/tous côté(s), de toute(s) façon(s), de toute(s) manière(s), de toute(s) part(s), en toute(s) chose(s).

N'oubliez pas le tiret dans les expressions suivantes !

Le Tout-Paris, M. Tout-le-Monde, la toute-puissance de Dieu, des essuie-tout, un fait-tout, un tout-à-l'égout, un risque-tout, un tout-petit (des tout-petits), du tout-venant, tout-fou, du tout-terrain.

EXERCICE 1

Quel est le rôle de *tout* dans les phrases suivantes : adverbe, adjectif, nom ou pronom ?

1. Nous avons pris toutes les mesures qui s'imposaient. 2. Les invités sont arrivés tous ensemble. 3. Il s'est enfui à toutes jambes. 4. Ses assiettes sont tout ébréchées. 5. On a eu un petit pain pour tout dessert. 6. Je vous loue le tout. 7. Les arbres sont tous brûlés. 8. Tous songent à réagir durement. 9. Toutes proportions gardées, la chose est réalisable. 10. Ils sont tout impressionnés. 11. Tous sont venus pour découvrir toutes les allées de l'exposition. 12. En fait chacun veut tout, sans tout faire pour y arriver.

EXERCICE 2

Choisissez entre *tout*, *tous*, *toute*, *toutes*.

1. Ils ont gagné ... les parties. 2. J'ouvris les yeux ... grands. 3. Repas à ... heure. 4. En ... occasion, soyez calme. 5. Pour trouver une place, c'est ... une histoire. 6. Elle partit en ... hâte. 7. La ville ... entière est atteinte. 8. ... malade qu'elle est, elle travaille. 9. ... peine mérite salaire. 10. Les enfants ... heureux profitent des fêtes.

EXERCICE 3

Choisissez entre *tout*, *tous*, *toute*, *toutes*.

1. À ... instant, un drame peut arriver. 2. Voilà des vêtements ... neufs. 3. Je l'ai accompagné à ... hasard. 4. En ... cas, tu as gagné. 5. Ils sont ... arrivés. 6. ... avantage en nature devra être déclaré. 7. Ils semblaient tellement ... fiers de leur succès. 8. Elle semblait ... émue. 9. Elle était ... en larmes. 10. Avec le nouveau règlement, ... essai sera valorisé.

EXERCICE 4

Accordez convenablement l'adverbe *tout*.

1. Les jeunes filles étaient ... bleues de froid. 2. Elle paraissait ... éblouie par le spectacle. 3. Ils sont ... occupés à jouer. 4. Ouvrant ... grands leurs yeux, les enfants riaient au spectacle du clown. 5. Elle est ... à son ouvrage.

Jouer son va-tout

Cette expression contient un mot composé *va-tout* construit avec le verbe aller et le nom tout. Au sens propre, *jouer son va-tout* signifie miser tout l'argent dont on dispose en une seule fois.
Au sens figuré, l'expression veut dire : tout hasarder. *Jouer son va-tout*, c'est, pour celui qui veut réussir, forcer la chance... Jouer le tout pour le tout en quelque sorte.

Le verbe

Catherine dépouille le courrier.
3e personne du singulier du verbe *dépouiller* au présent de l'indicatif

Les automobilistes ont pu garer leur voiture dans l'allée.
3e personne du pluriel du verbe pouvoir au passé composé de l'indicatif — infinitif du verbe *garer*

Qu'est-ce qu'un verbe ?

☐ Le verbe est, avec le nom, le mot le plus important de la phrase. Il peut exprimer l'action faite ou subie par le sujet, l'existence ou l'état du sujet.
Nous ***imprimons*** *vos cartes de vœux* (action faite par le sujet).
Le sucre ***fond*** *dans l'eau* (action subie par le sujet).
Cet animal ***est devenu*** *méchant* (état du sujet).
☐ Un verbe peut exprimer aussi :
– un sentiment : *Elle* ***déteste*** *la campagne ;*
– une perception : ***Avez****-vous* ***entendu*** *ce cri ?*
– une relation : *Il* ***appartient*** *à un club.*
☐ Le temps du verbe permet de situer l'action au passé : *il* ***a parlé***, au présent : *il* ***parle***, au futur : *il* ***parlera***.
☐ Le mode du verbe exprime soit une action réelle (mode indicatif), soit une action hypothétique (mode conditionnel et mode subjonctif).
Il s'en ***va*** (indicatif).
S'il était fâché, il s'en ***irait*** (conditionnel).
Je voudrais qu'il s'en ***aille*** (subjonctif).

Qu'est-ce qu'un radical et qu'est-ce qu'une terminaison ?

☐ Le radical est la partie du verbe qui exprime le sens.
C'est la partie fixe du verbe dans la conjugaison.
Admir*er, j'****admir****e, tu* ***admir****ais, nous* ***admir****erons.*
Ce radical peut se retrouver dans :
– un nom : ***admir****ation,* ***admir****ateur* ;
– un adjectif : ***admir****able.*
☐ La terminaison (ou désinence) est la partie variable du verbe. Dans la conjugaison, la terminaison change et permet de reconnaître le temps, le mode et la personne.
*Je l****is****, vous l****isiez****, que je l****ise****.*

Comment repérer le verbe dans une phrase ?

Il existe deux moyens de repérer le verbe dans une phrase.
– Sa forme change selon la personne (je, tu, il, elle, nous, vous, ils, elles).
*Je sor****s****, nous sort****ons****.*
– Sa forme change selon l'époque de l'action (passé, présent, futur).
*Je sort****ais****, je sor****s****, je sort****irai****.*

L'ACCORD DU VERBE AVEC UN SUJET COLLECTIF

■ Ce qu'il faut dire et écrire

Faut-il dire *une multitude de sauterelles envahit la plaine* ou *une multitude de sauterelles envahirent la plaine* ?

■ Lorsque le sujet est un nom collectif : *foule, groupe, majorité, infinité, nombre, quantité, dizaine, douzaine,* etc., le verbe se met au singulier.

La foule se rassemble actuellement.

■ Lorsque ce nom collectif est suivi d'un nom au pluriel (une foule de jeunes, un groupe d'opposants, une majorité d'électeurs, etc.), le verbe peut se mettre au singulier ou au pluriel, selon qu'on veut mettre en valeur l'ensemble ou les individus.

Une foule de spectateurs se pressait aux portes.

Un grand nombre d'espèces animales disparaissent.

■ Lorsque le sujet est un adverbe de quantité : *beaucoup, peu, trop, assez, combien, la plupart, tant,* etc., le verbe se met au pluriel.

Beaucoup s'inscrivirent, la plupart furent reçus.

■ *Plus d'un, moins de deux*

■ *Plus d'un* exige un verbe au singulier.

Plus d'un collègue le regrettera.

■ *Moins de deux* exige un verbe au pluriel.

Moins de deux semaines se sont passées depuis son départ.

EXERCICE 1

Ces verbes expriment-ils une action, un état, un sentiment, une perception, une relation ?

Doucher, obtenir, toucher, s'émouvoir, sembler, avancer, grandir, disparaître, dépendre, regarder, voir, enrager, dépenser, s'ennuyer, prendre, craindre, être, espérer, mentir, luire, mâcher.

EXERCICE 2

Accordez le verbe avec le sujet.

1. Le groupe (se séparer, passé composé) après avoir reçu les consignes. 2. J'ai acheté des abricots, mais la plupart (être, présent) encore peu sucrés. 3. Une douzaine de personnes (être retenu, passé composé) sur la liste. 4. La majorité (décider, futur) si le centre ville doit devenir piétonnier. 5. Une infinité d'étoiles (trouer, imparfait) le ciel la nuit dernière. 6. Beaucoup de gens (aimer, présent) le cirque, mais combien (imaginer, présent) la discipline que cela représente ?

EXERCICE 3

Repérez le ou les verbes dans chaque phrase.

1. Il n'a pas assisté à la réunion. 2. J'aurais préféré que tu sois à l'heure. 3. En avant-propos nous vous proposerons des livres qui peuvent intéresser les enfants. 4. Il ne faut pas que tu sois venu pour rien. 5. Il feignait de dormir.

Verbum

Le mot verbe vient du latin *verbum* : parole. « Avoir le verbe haut », c'est posséder un timbre de voix élevé... et s'en servir.
« Être verbeux », c'est abonder en paroles superflues, parler pour ne rien dire.
Le verbiage sert à camoufler la pauvreté de la pensée. Verbaliser, c'est dresser une contravention, mais au XVIe siècle, c'était... faire des discours inutiles.

Les verbes des 1er, 2e et 3e groupes

Les verbes se classent en trois groupes selon leur terminaison à l'infinitif, au participe présent et au participe passé.
Marcher **: 1er groupe,** ***finir*** **: 2e groupe,** ***dépendre*** **: 3e groupe.**

Les verbes du 1er groupe

Ce sont les verbes les plus nombreux. Leurs terminaisons sont :

Infinitif : *er*	Participe présent : *ant*	Participe passé : *é*
*aim**er***	*aim**ant***	*aim**é***

Les verbes du 2e groupe

Les terminaisons des verbes du 2e groupe sont :

Infinitif : *ir*	Participe présent : *issant*	Participe passé : *i*
*réag**ir***	*réag**issant***	*réag**i***

Les verbes du 3e groupe

Ce sont tous les autres verbes, y compris le verbe *aller*.

Infinitif : *ir*	Participe présent : *ant*	Participe passé : *i*
*accueill**ir***	*accueill**ant***	*accueill**i***

assaillir, cueillir, dormir, faillir, mentir, partir, se repentir, sentir, servir, sortir, tressaillir…

Infinitif : *oir*	Participe présent : *ant*	Participe passé : *u*
*apercev**oir***	*apercev**ant***	*aperç**u***

avoir et tous les verbes finissant par *voir, falloir, valoir, vouloir.*

Infinitif : *re*	Participe présent : *ant*	Participe passé : *u*
*croi**re***	*croy**ant***	*cr**u***

battre, boire, connaître, vaincre, coudre, pendre, rendre, répondre, croître, lire, moudre, plaire, vivre…

Attention !

□ *Luire, nuire, rire, suivre* font leur participe passé en *i.*
*luire → lu**i***

□ *Atteindre, peindre, teindre, craindre, plaindre* font leur participe passé en *int.*
*atteindre → atte**int***

□ *Dire, écrire, conduire, construire, détruire, faire* font leur participe passé en *it.*
*dire → d**it***

□ Certains verbes ont un radical qui change selon la personne :
*Je **coud**s, ils **cous**ent.*
*Je **hai**s, ils **haïss**ent.*
*Je **résou**s, ils **résolv**ent.*

LES VERBES LES PLUS DIFFICILES

Infinitif	Groupe	Participe présent	Participe passé
absoudre	3e	*absolvant*	*absous-absoute*
acquérir	3e	*acquérant*	*acquis*
acquiescer	1er	*acquiesçant*	*acquiescé*
clore	3e	*closant*	*clos*
conclure	3e	*concluant*	*conclu*
conquérir	3e	*conquérant*	*conquis*
courbaturer	1er	*courbaturant*	*courbaturé* ou *courbatu*
dissoudre	3e	*dissolvant*	*dissous - dissoute*
émouvoir	3e	*émouvant*	*ému*
exclure	3e	*excluant*	*exclu*
inclure	3e	*incluant*	*inclus*
moudre	3e	*moulant*	*moulu*
résoudre	3e	*résolvant*	*résolu*
savoir	3e	*sachant*	*su*
falloir	3e	pas de participe présent	*fallu*
gésir	3e	*gisant*	pas de participe passé
parfaire	3e	pas de participe présent	*parfait*
fleurir	2e	*fleurissant* (plantes) *florissant* (santé, commerce)	*fleuri* *fleuri*
seoir	3e	*séant* (attitude) *seyant* (vêtement)	pas de participe passé pas de participe passé

Attention !

On dit : *J'ai acquis une propriété* et non : * *J'ai acquéri une propriété.*
On écrit : *Je suis courbatu* (ou *courbaturé*) et non : * *Je suis courbattu.*

EXERCICE

À quel groupe appartient chaque verbe de cette liste ?

Tordre, reconstruire, marchander, pâlir, bouillir, créer, parlementer, subvenir, transparaître, pouvoir, entreprendre, exceller, sertir, unir, frémir, s'abstenir, élire, restreindre, plaire, dessiner, conduire, accroître, alunir, flamber, envahir, débattre, grandir, rétrograder, vaincre, choir.

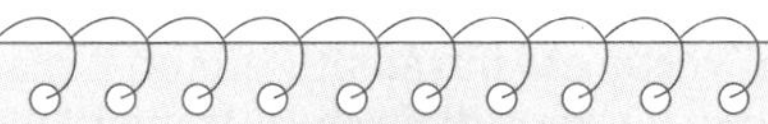

La création de nouveaux verbes

Le progrès, les techniques inventent de nouveaux verbes. Ceux-ci appartiennent toujours au 1er groupe. Il y a deux siècles, on ne *téléphonait* pas. On *pasteurise* depuis que Pasteur a trouvé un procédé permettant d'éviter la fermentation. On constate également que l'emploi des verbes du 3e groupe diminue. Ainsi *manquer* (1er groupe) remplace souvent *faillir* et on dira *s'habiller* (1er groupe) plutôt que *se vêtir*.

ORTHOGRAPHE
LE GROUPE NOMINAL
LE GROUPE VERBAL
LES FONCTIONS
LA PHRASE
CONJUGAISONS

Les verbes transitifs et intransitifs

Le président consulte les membres du jury **(transitif direct).**
Je veillerai au bon déroulement du projet **(transitif indirect).**
Le distributeur automatique ne fonctionne pas **(intransitif).**

Qu'est-ce qu'un verbe transitif ?

☐ Le verbe transitif établit une relation entre le sujet et l'objet de l'action exprimée par le verbe.

☐ Un verbe est transitif quand il introduit un complément d'objet.

*Nous **avons remporté** la victoire.*
complément d'objet du verbe remporter

*C'est l'ordinateur qui **trie** les informations.*
complément d'objet du verbe trier

☐ Le verbe est transitif direct lorsqu'il introduit un complément d'objet direct.

*Le mécanicien **vérifie** les bougies.*
COD du verbe vérifier

*Vous n'avez qu'à **demander** le responsable.*
COD du verbe demander

☐ Le verbe est transitif indirect quand il introduit un complément d'objet indirect. Le complément d'objet indirect est introduit par une préposition (à, de, sur...).

*On **se plaint** du mauvais temps.*
COI du verbe se plaindre

*Nous **avons assisté** à la réunion.*
COI du verbe assister

Qu'est-ce qu'un verbe intransitif ?

☐ Un verbe est intransitif quand il n'admet pas de complément d'objet, direct ou indirect. Le sens du verbe intransitif ne concerne que le sujet.

*Les chevaux **galopent** dans la vaste plaine abandonnée.*
*Les fées n'**existent** que dans les rêves.*

☐ Certains verbes sont, par nature, toujours intransitifs ; par exemple : *aller, arriver, bavarder, courir, venir, pleurer, nager, trembler, voyager...*

☐ Les verbes suivants ont un emploi transitif ou intransitif, selon leur construction ; par exemple : *arrêter, brûler, commencer, fuir, fleurir, vaincre, servir, rougir, rompre, siffler, glisser, retarder, veiller...*

Construction transitive : *Elle **a fleuri** ma chambre.*
*J'**ai déjeuné** d'un sandwich.*

Construction intransitive : *Les arbres **fleurissent**.*
*Je ne veux pas être dérangé pendant que je **déjeune**.*

LES VERBES INTRANSITIFS ET LES PRÉPOSITIONS

■ Employez la bonne préposition (*à, de, dans, avec, sur*)

- Acquiescer à. *Nous avons acquiescé à votre demande.*
- Approcher de. *Il approche de l'âge de la retraite.*
- Aspirer à. *Il aspire à une meilleure situation.*
- Consentir à. *Ils ont consenti à cette modification.*
- Consister en ou à. *En quoi consiste mon travail ? Il consiste à trier les factures.*
- Contrevenir à. *L'automobiliste a contrevenu au code de la route.*
- Convenir de. *Nous sommes convenus de l'organisation des débats.*
- Déférer à. *Je défère à votre avis toujours sage.*
- Déroger à. *Il a dérogé à ses convictions en participant à cette action.*
- Faillir à. *C'est un homme qui ne faillit jamais à sa parole.*
- Incomber à. *Cette démarche incombe aux responsables.*
- Influer sur. *Le climat influe sur son comportement.*
- Médire de. *Ne médisez pas de votre ennemi, ignorez-le.*
- Persévérer dans. *Vous devez persévérer dans votre effort pour améliorer votre revers.*
- Persuader de. *J'ai enfin persuadé mon fils d'aller chez le coiffeur.*
- Remédier à. *Pour remédier à l'ennui, adhérez à notre club.*
- Souscrire à. *Avez-vous souscrit à notre encyclopédie ?*
- Tabler sur. *On ne peut pas tabler sur un gros bénéfice cette année.*
- Transiger avec (ou sur). *Elle a un tel caractère qu'il vaut mieux transiger avec elle. Le colonel ne transigeait pas sur l'honneur.*

■ Avec ou sans préposition ?

On ne dit pas : **Pallier à un inconvénient.* Mais : *Pallier un inconvénient.*
On ne dit pas : **Chercher après ses lunettes.* Mais : *Chercher ses lunettes.*
On ne dit pas : **Demander après le responsable.* Mais : *Demander le responsable.*

EXERCICE 1

Dans les phrases suivantes, les verbes sont-ils intransitifs ? transitifs directs ? transitifs indirects ?

1. Les souris ont rongé les fils. 2. La chaussée luit après la pluie. 3. Il sentit le vent sur son visage. 4. J'ai déjà dîné. 5. Le professeur a discouru de la famille au Moyen Âge. 6. Jeanne a herborisé tout l'été. 7. Cet enfant trépigne de rage chaque fois qu'on le contrarie. 8. Il a été obligé de se séparer de son chien. 9. Marc est revenu de Londres depuis trois jours. 10. Cette demoiselle n'admet pas la contradiction. 11. Les labours fument à l'automne. 12. Il a renoncé aux poursuites.

EXERCICE 2

Dans les phrases suivantes, les verbes sont-ils intransitifs ? transitifs directs ? transitifs indirects ?

1. C'est un vrai clown. 2. Il imite tout le monde. 3. L'affaire a prospéré jusqu'au jour où on a découvert la malversation. 4. Vos explications m'ont rassuré tout à fait. 5. Il était furieux, il a tempêté pendant des heures ! 6. Nous devrions nous décider à tailler la haie ce week-end. 7. Ne restez donc pas debout. 8. As-tu réussi à ôter cette tache sur ta jupe ? 9. Le vent fraîchit le soir. 10. Les employés cesseront le travail à seize heures. 11. Au lieu de grelotter, mets donc un pull. 12. Je déteste les gens qui se précipitent sur les petits fours.

Les verbes impersonnels
Les verbes pronominaux

Il neige depuis hier **(verbe impersonnel).**
Elle se promène **tous les jours (verbe pronominal de sens réfléchi).**
Les enfants se chamaillent **(verbe pronominal de sens réciproque).**

Qu'est-ce qu'un verbe impersonnel ?

C'est un verbe qui ne se conjugue qu'avec la 3e personne du singulier *il*.
*Il **faut** rentrer les géraniums.*
*Il n'y **a** plus de place.*

Les verbes impersonnels par nature

Ce sont des verbes exprimant des phénomènes météorologiques : *pleuvoir, neiger, tonner, grêler* ; ainsi que les expressions : *il y a, il faut.*
***Il a grêlé** sur le Bordelais le mois dernier.*

Les verbes impersonnels par construction

Ce sont des verbes qui peuvent se conjuguer à toutes les personnes, et aussi prendre la tournure impersonnelle avec le pronom *il*.
*Il **fait** trop chaud. Il **est conseillé** d'emporter une boisson chaude.*
*Il **manque** la pièce jointe au courriel.*

Qu'est-ce qu'un verbe pronominal ?

C'est un verbe qui se conjugue avec un pronom réfléchi : *me, te, se, nous, vous.*
*Nous **nous levons** toujours plus tard en vacances.*

Quel est le sens du pronom ?

☐ Le pronom a un sens réfléchi lorsque le sujet exerce l'action sur lui-même.
*Il **s'est blessé** à l'entraînement.*
*Je **me demande** où il peut être.*
☐ Le pronom a un sens réciproque lorsque l'action est exercée par plusieurs personnes.
*Ils **se rencontrent** tous les jours.*
*Nous **nous engageons** à vous rembourser.*
☐ Le pronom a un sens passif lorsque le sujet subit l'action.
*Les manteaux **se porteront** longs cet hiver.*
*Les billets **se sont vendus** en quelques heures.*
☐ Lorsque le pronom ne peut pas se dissocier du verbe, le verbe n'existe qu'à la forme pronominale.
Ces verbes sont appelés essentiellement pronominaux : *s'abstenir, s'accouder, se blottir, s'évanouir, se souvenir, s'adonner, se désister, se morfondre...*
Il ***s'est abstenu** de donner son avis.*
*Tu devrais **te méfier** de ses promesses.*

QUELLE ORTHOGRAPHE CHOISIR ?

Attention à l'accord du participe passé !

■ Les verbes pronominaux aux temps composés se conjuguent avec l'auxiliaire être et le participe passé du verbe. Il ne faut pas oublier d'accorder le participe passé (voir p. 88).

Elle s'est retournée.
Ils se sont retournés.
Elles se sont retournées.

■ Attention ! *Succédé* et *arrogé* ne s'accordent pas avec le sujet.

Ils se sont succédé.
Ils se sont arrogé des droits.

Faut-il écrire *se* ou *ce* ?

■ On écrit *ce* devant un nom et devant *qui, que, dont, à quoi*. Il s'agit alors d'un déterminant démonstratif (voir p. 39).

Elle préfère ce chemisier bleu.
Je ne crois que ce que je vois.

■ On écrit *se* devant un verbe. Il s'agit alors d'un pronom réfléchi.

Les spectateurs se demandaient pourquoi le rideau ne se levait pas.

Faut-il écrire *s'* ou *c'* ?

■ On écrit *c'* devant le verbe *être* employé seul.

C'est un jour férié.

■ On écrit *s'* devant le verbe *être* suivi du participe passé.

Il s'est trompé de date.

EXERCICE 1

Faut-il écrire se ou ce ? s' ou c' ?

1. ...'est lundi que ... déroulera la cérémonie. 2. Il ne sait pas ... qui ... passe. ... sont des étudiants qui ont trouvé ... système. 3. Elle ... demandait ... qui ... passerait si elle ne ... débarrassait pas de ... parasite. 4. Tout ... que vous voulez savoir sur ... sujet ... trouve dans ... magazine. 5. Il ...'est promis de ne pas recommencer.

EXERCICE 2

Complétez par *se, ce, s'* ou *c'*.

1. Il ... trouve qu'ils ... sont déjà rencontrés. 2. Elle n'arrive pas à ... souvenir de ... nouvel horaire. 3. ... type d'erreur ... rencontre fréquemment. 4. Il ...'était aperçu que ... mensonge ... retournerait contre lui. 5. Savez-vous ... qu'on raconte ? 6. Il ... serait enfui à l'étranger ! 7. ...'est trop facile de ... faire pardonner à chaque mauvaise action. 8. ... modèle ne ... fait plus depuis longtemps. 9. ... nouvel ordinateur ... vendra bientôt dans le commerce. 10. Après tout, fais ... que tu veux.

EXERCICE 3

Complétez par *se, ce, s'* ou *c'*.

1. ... n'est pas la peine de ... faire du souci. 2. ...'est en ...'exerçant qu'on apprend. 3. ... matin-là, il ... rendit au bureau plus tôt que d'habitude. 4. Il ... agit de ... décider rapidement. 5. ... discours ... fait attendre. 6. ... était la veille du jour où il ... est cassé le bras. 7. ... qui compte, ... est qu'il ... soit rendu compte de son erreur. 8. Elle ... demande ... qu'elle peut faire pour l'aider. 9. ... est vous qui avez téléphoné ... matin ? 10. ... genre d'individu fait tout pour ... faire remarquer.

Le se argotique

L'argot emprunte beaucoup de verbes au français académique sans les modifier ; mais il ajoute le pronom personnel *se* pour en changer le sens. Ainsi poivrer (mettre du poivre) devient se *poivrer*, c'est-à-dire s'enivrer. *Se sucrer* veut dire prendre la plus large part, *se pointer* signifie arriver et *se trotter*... partir.

La forme active

Le journaliste commente le match Nice-Bordeaux.
verbe *commenter* à la forme active, présent de l'indicatif

Elle s'est réveillée tout doucement.
verbe pronominal *se réveiller* à la forme active, au passé composé de l'indicatif conjugué avec l'auxiliaire *être*

Qu'est-ce que la forme active ?

À la forme active, le sujet du verbe indique l'agent de l'action, c'est-à-dire la personne qui fait l'action exprimée par le verbe.

Nous prenons *la bonne décision.*

sujet du verbe prendre — verbe

Jean déteste *prendre l'avion.*
Tu n'oublieras *pas d'aller chercher ma veste !*

Comment se construit la forme active ?

□ La forme active se rencontre à tous les temps et à tous les modes.
J'ai répondu *à cette annonce* (passé composé de l'indicatif).
Je répondrai *à cette annonce* (futur de l'indicatif).
Je répondrais *à cette annonce* (présent du conditionnel).
Il faut que ***je réponde*** *à cette annonce* (présent du subjonctif).

□ Certains verbes gardent la forme active alors que le sujet subit l'action : *cuire, bouillir, fondre, souffrir, geler*, etc.
Les blessés ***souffrent*** *après cet accident tragique.*
le verbe est à la forme active, il exprime un état

L'eau ***bout*** *à cent degrés.*
L'oie ***rôtit*** *au four.*

□ La forme active aux temps composés se conjugue le plus souvent avec l'auxiliaire avoir et le participe passé du verbe.
Nous avons obtenu *la signature du contrat.*
Ils avaient *déjà* ***commencé*** *les travaux.*
Elle ***aura*** *sans doute* ***raté*** *le dernier bus.*

□ Un certain nombre de verbes se conjuguent avec l'auxiliaire être, par exemple : *entrer, sortir, naître, mourir, monter, descendre, devenir, aller, arriver, venir, partir, rester, tomber, retourner...*
Un oiseau ***est tombé*** *dans la cheminée.*
Les filles ***sont arrivées*** *les dernières.*
Nous ***sommes demeurés*** *stupéfaits.*

□ Les verbes pronominaux se conjuguent aussi avec l'auxiliaire être à la forme active.
Ils ***se sont dépêchés*** *de rentrer.*
Elle ***s'est endormie*** *sur les genoux de sa mère.*
Nous ***nous sommes quittés*** *à la fin des vacances.*

LES VERBES LES PLUS UTILISÉS

EXERCICE 1

Transformez les phrases suivantes pour les mettre à la forme active.

1. Les résultats ont été communiqués par la presse. 2. Chaque été le Midi est ravagé par les incendies. 3. Le responsable de l'accident avait été identifié par un témoin. 4. Le budget a été voté par le conseil. 5. Chaque année, le règlement intérieur sera révisé ou reconduit par les délégués. 6. Nous avons été sollicités par de nombreux clients étrangers. 7. C'est par le Premier ministre que la délégation a été reçue. 8. Un mail vous sera envoyé par votre opérateur. 9. La question a déjà été posée par un de vos collègues. 10. Cette lettre a été tapée par la nouvelle secrétaire en trois exemplaires.

EXERCICE 2

Voici, dans l'ordre, la liste des verbes français les plus utilisés ; classez-les par groupe (voir page 58).

Être, avoir, faire, dire, pouvoir, aller, voir, savoir, vouloir, venir, falloir, devoir, croire, trouver, donner, prendre, parler, aimer, passer, mettre, demander, tenir, sembler, laisser, rester, penser, entendre, regarder, répondre, rendre, connaître, paraître, arriver, sentir, attendre, vivre, chercher, sortir, comprendre, porter, devenir, entrer, revenir, écrire, appeler, tomber, reprendre, commencer, suivre, montrer, partir, mourir, ouvrir, lire, arrêter, servir, jeter, recevoir, monter, lever, agir, perdre, écouter, continuer, sourire, apercevoir, reconnaître, ajouter, jouer, marcher, garder, manquer, retrouver, descendre, rappeler, quitter, tourner, finir, crier, courir, permettre, songer, offrir, présenter, apprendre, souffrir, exister, envoyer, expliquer, manger, valoir, oublier, rentrer, pousser, occuper, compter, empêcher, plaire, travailler, s'écrier, former, dormir, oser, rencontrer, répéter, retourner, changer, élever, toucher, espérer, demeurer, éprouver, apporter, pleurer, apparaître, juger, importer, conduire, embrasser, raconter, craindre, causer, chanter, cacher, essayer, asseoir, avancer, produire, poser.

Dictionnaire des fréquences, CNRS Didier.

EXERCICE 3

Mettez les phrases suivantes à la forme active.

1. Leur appel a été entendu par toutes les gendarmeries. 2. L'eau a été coupée par les pompiers. 3. La douleur a été atténuée grâce à cette nouvelle pommade. 4. La circulation a été paralysée à cause du gel. 5. Votre portefeuille a été rapporté par un petit garçon. 6. L'assistance a été charmée par ses propos. 7. Nous avons été surpris par la neige au moment de redescendre. 8. Une valise a été oubliée par un voyageur sur le vol 366. 9. La terrasse sera refaite cet été. 10. Des pochettes parfumées sont distribuées par les hôtesses.

EXERCICE 4

Mettre les phrases suivantes à la forme active.

1. Cette nouvelle orthographe est admise par l'Académie. 2. François a été touché par vos SMS de félicitations. 3. Le ministre est pressé par les syndicats d'ouvrir des négociations. 4. Les fonds seront débloqués par notre banque à la fin du mois. 5. Le port de chaussures de sécurité est rendu obligatoire par le règlement.

La forme passive

La moquette a été posée par un spécialiste.
verbe *poser* à la forme passive, au passé composé de l'indicatif

Les résultats seront connus dans la soirée.
verbe *connaître* à la forme passive, au futur de l'indicatif

Qu'est-ce que la forme passive ?

La forme passive indique que le sujet subit l'action.
Ma pièce ***est coincée*** *dans l'appareil.*
sujet du verbe coincer — verbe

La voiture ***a été repérée*** *par le radar.*
Pierre ***est entraîné*** *par le courant.*

Comment se construit la forme passive

□ Seuls les verbes admettant un complément d'objet direct peuvent prendre la forme passive (les verbes transitifs directs).
Son voisin le réveille → Il ***est réveillé*** *par son voisin.*
COD

Le gel fend le rocher → Le rocher ***est fendu*** *par le gel.*
COD

□ La forme passive se construit avec l'auxiliaire être et le participe passé du verbe.
Le parcours ***est balisé****.*
□ La forme passive se rencontre à tous les temps et à tous les modes.
Jacques ***est très surpris*** (présent de l'indicatif).
Jacques ***a été très surpris*** (passé composé de l'indicatif).
Jacques ***serait très surpris*** (présent du conditionnel).
Nous voulons que Jacques ***soit surpris*** (présent du subjonctif).

Quand faut-il employer la forme passive ?

□ La forme passive permet de mettre en valeur le résultat de l'action.
L'incendie ***est maîtrisé****.*
Le plus difficile ***est passé****.*
Une importante somme d'argent ***a été détournée****.*
Dans ce cas, l'agent de l'action n'apparaît pas.
□ La forme passive permet de donner de l'importance à celui qui subit l'action.
Les acteurs ***ont été applaudis*** *par le public.*
Monsieur le Président ***est attendu*** *à Roissy à 15 heures.*
Les négociations ***sont interrompues****.*
□ On appelle complément d'agent celui qui fait l'action. Ce complément est introduit par la préposition *par*.
Le public ***a été ébloui*** *par le spectacle.*
complément d'agent

FORME ACTIVE ET FORME PASSIVE

De la forme active à la forme passive

Paul a mangé le gâteau.
1 2 3

Le gâteau a été mangé par Paul.
3 2 1

Les accords dans la forme passive

Attention ! le participe passé s'accorde avec le sujet.
Il est gêné par la fumée (masculin singulier).
Ils sont gênés par la fumée (masculin pluriel).
Elle est gênée... (féminin singulier).
Elles sont gênées... (féminin pluriel).

Ne confondez pas !

■ *Il est élu. Il est venu.*
Lequel de ces deux verbes est à la forme passive ? Pour le savoir, il suffit de faire précéder le participe passé de « ayant été ».
Ayant été élu est possible : c'est un verbe à la forme passive.
**Ayant été venu* est impossible : c'est un verbe à la forme active.
■ Le verbe *venir* fait partie des verbes qui n'ont pas de forme passive comme *entrer, sortir, naître, mourir, monter, descendre, devenir, aller, arriver, partir, rester, tomber, retourner*.

EXERCICE 1

Transformez les phrases suivantes soit à la forme passive, soit à la forme active.

1. Les douaniers l'ont surveillé pendant un mois. 2. Le gouvernement avait été renversé par les militaires. 3. La vieille dame a été défendue par son petit-fils. 4. L'air de la montagne le guérira. 5. Une nappe rose recouvre la table. 6. Toutes les précautions ont été prises par la police. 7. Les feuilles mortes envahissaient les trottoirs. 8. Nous serions rassurés par des nouvelles. 9. Un cyclone a détruit deux villes sur la côte. 10. C'est son instinct qui guide le chien de chasse.

EXERCICE 2

Transformez les phrases suivantes soit à la forme passive, soit à la forme active.

1. Le soir, le soleil couchant illumine toute la côte. 2. Dans cette île, les femmes brodent les jupes et les hommes tressent les paniers. 3. À cause des travaux la poussière recouvre le balcon. 4. Je suis très étonnée par son attitude. 5. Son assistante le seconde parfaitement. 6. La foudre a touché le pylône. 7. La pluie a noyé les récoltes. 8. Une alarme a réveillé les habitants du quartier. 9. La foule énervait les lions dans leur fosse. 10. Chaque minute, ce site traite des millions d'informations. 11. Les volcanologues surveillent le volcan de près.

EXERCICE 3

Transformez les phrases suivantes soit à la forme passive, soit à la forme active.

1. Les gendarmes ont effectué une vaste battue. 2. La surveillance des plages sera assurée par des sauveteurs diplômés. 3. L'arrosage automatique assure une humidité permanente. 4. Chaque année, l'entreprise organise un arbre de Noël. 5. Un complice a aidé le détenu dans sa fuite. 6. Ce sont des volontaires qui testent les médicaments. 7. C'est par des cousins qu'il a été recueilli. 8. Il est certainement gêné par des remerciements aussi appuyés. 9. La réaction de son fils a déclenché sa colère. 10. Le vétérinaire a tiré d'affaire le jeune poulain.

Le présent et le futur de l'indicatif

Si tu n'aimes pas le vin, tu boiras de l'eau.

verbe *aimer* au présent de l'indicatif — verbe *boire* au futur de l'indicatif

Les deux temps du discours

Le présent et le futur sont les deux temps simples principaux du discours ; on utilise le présent chaque fois que les événements se déroulent au moment où l'on parle et le futur pour parler d'événements qui se réaliseront plus tard.
*Je **mange** des crevettes et je les **aime**. Je **mangerai** demain au restaurant.*

Quand faut-il employer le présent de l'indicatif ?

☐ Pour exprimer une action en cours, c'est-à-dire qui a lieu au moment où l'on parle ou écrit.
*Le froid **sévit** du nord au sud de la France.*
*Tu me **fais** de la peine.*
☐ Pour exprimer une action qui se répète ou une habitude.
*À la maison, nous **déjeunons** à midi.*
*Le bureau **ferme** à dix-sept heures.*
☐ Pour exprimer une action ou une situation durable.
*Il **devient** dur d'oreille.*
*Cette semaine, nous **aménageons** le grenier.*
☐ Pour exprimer une vérité générale.
*On n'**attrape** pas les mouches avec du vinaigre.*
*Un homme averti en **vaut** deux.*
☐ Pour exprimer un passé très proche.
*Elle **sort** de chez moi à l'instant.*
*Ils **viennent** d'arriver.*
☐ Pour exprimer un futur très proche.
*J'**enfile** mon manteau et je vous rejoins.*
*Alors, c'est promis, tu m'**appelles** ?*
☐ Pour décrire une série d'événements passés et les rendre plus « vivants ». C'est le présent de narration.
*Il s'était évanoui. Je le **saisis** et je le **soulève**, je le **transporte**, je l'**allonge** sur son lit...*

Quand faut-il employer le futur de l'indicatif ?

☐ Pour exprimer une action à venir et tenue pour certaine.
*Le mariage **aura** lieu en juin.*
*Grâce à cette glacière, vos boissons **resteront** fraîches.*
☐ Pour exprimer un ordre.
*Tu m'**attendras** à la porte.*
☐ Pour exprimer une explication supposée.
*Qui a renversé les pots de fleurs ? Ce **sera** sans doute le vent.*

LES VARIATIONS ORTHOGRAPHIQUES

■ Les variations de l'orthographe au présent

Appeler s'écrit *j'appelle* au présent et *j'appellerai* au futur mais *nous appelons, vous appelez*.
Jeter s'écrit *je jette* au présent et *je jetterai* au futur mais *nous jetons, vous jetez*.
Il en va de même pour tous les verbes se terminant en *-eler, -eter*, sauf : *geler* (*dégeler, congeler, surgeler*), *marteler, modeler, peler, celer, ciseler, démanteler, écarteler, acheter, crocheter, fileter, fureter, haleter*, qui doivent s'écrire avec un accent grave sur l'*e* qui précède le *l* ou le *t*.
Modeler s'écrit *je modèle* au présent et *je modèlerai* au futur.
Acheter s'écrit *j'achète* au présent et *j'achèterai* au futur.

■ Les variations de l'orthographe au futur

■ Les verbes se terminant en *-ier, -uer, -yer* changent de forme au futur.
– *Oublier* s'écrit *j'oublierai, nous oublierons* au futur.
– *Louer* s'écrit *je louerai, nous louerons*.
– *Payer* s'écrit *je paierai, nous paierons*.
– *Courir* s'écrit *je courrai, nous courrons* au futur.
– *Envoyer* s'écrit *j'enverrai*, nous *enverrons* au futur.
■ Il en va de même pour les verbes *acquérir* et ses composés, *mourir, pouvoir, voir, courir* et ses composés.

■ Le problème de la cédille

Les verbes en *cer* prennent une cédille sous le c devant a, o, u, pour conserver le son « s ».
Je commence → Nous commençons, je commençais.
Les verbes en *ger* conservent le e devant a et o pour conserver le son « j ».
Je mange → Nous mangeons, je mangeais.
Je partage → Nous partageons, je partageais.

EXERCICE 1

Écrivez les verbes au présent.
1. Tu (faire) ta valise et je t'(emmener). 2. Elle (sortir) du bureau à 17 heures. 3. Je vous (donner) une réponse avant la fin de la semaine. 4. Tu ne (bouger) pas d'ici. 5. Je (congeler) tous les légumes du jardin. 6. Tu leur (envoyer) un mot pour les remercier. 7. Demain je me (mettre) au régime. 8. Je suis sûr que tu (apprécier) sa discrétion. 9. Les jonquilles (naître) au printemps. 10. Je m'(asseoir) ici si cela me (plaire).

EXERCICE 2

Écrivez les verbes au futur.
1. Ils (rejoindre) le bateau à la nage. 2. M. et Mme Joly (recevoir) de 6 heures à 8 heures. 3. Nous (repeindre) les volets la semaine prochaine. 4. Êtes-vous sûr que vous (tenir) votre promesse ? 5. Quand vous (déblayer) la neige devant chez vous, (pouvoir)-vous le faire aussi devant chez moi ? 6. Finalement nous n'(aller) pas aux sports d'hiver. 7. Nous (connaître) le fin mot de l'histoire.

EXERCICE 3

Écrivez les verbes soit au présent, soit au futur, selon le sens de la phrase.
1. Il (recevoir) les candidats dès lundi prochain. 2. Nous (passer) te prendre vers 8 heures. 3. Je (venir) de manquer une occasion. 4. On ne l'y (reprendre) pas deux fois. 5. L'avenir (appartenir) à ceux qui (se lever) tôt. 6. Je vous (envoyer) la facture à la fin du mois. 7. Je (jeter) un coup d'œil à mon courrier et je (être) à vous. 8. Si nous ne leur (expliquer) pas, elles ne (savoir) pas s'y prendre. 9. Vous (balayer) le hall tous les jours.

L'imparfait et le passé simple de l'indicatif

Hier, à la même heure, je prenais le bateau **(imparfait).**
La ville se rendit après un an de siège **(passé simple).**

Quand faut-il employer l'imparfait ?

☐ Pour exprimer une action en train de se dérouler dans le passé, sans en montrer le commencement ni la fin :
*Que **faisiez**-vous ? Je **rêvais**.*
*Elle **craignait** les araignées.*

☐ Pour raconter un événement ou décrire une situation :
*La mer se **soulevait**, le bateau **gîtait**, et nous **avions** tous mal au cœur.*
*Alors, quand le vin **remplissait** les verres, les têtes **s'échauffaient** et **commençaient** les récits de chasses extraordinaires.*

☐ Pour exprimer une action répétée dans le passé :
*Le dimanche, ils **allaient** à la pêche.*
*Il **lisait** son journal dans le train, sur le trajet du retour.*

☐ Pour exprimer une action qui se déroulait en même temps qu'une autre :
*Je **pensais** justement à eux quand ils sont arrivés.*
*Elle **mettait** la clé dans la serrure au moment où l'orage **éclatait**.*

☐ Pour exprimer une action qui a failli se réaliser :
*Un peu plus, tu **manquais** ton train !*
*On **allait** connaître le nom de l'assassin quand l'image vacilla, puis l'écran devint noir.*

Quand faut-il employer le passé simple ?

On emploie le passé simple essentiellement à l'écrit :
– pour exprimer une action complètement achevée à un moment déterminé du passé :
*Nous **arrivâmes** au sommet un peu avant huit heures ;*
– pour raconter les événements d'un récit historique ou littéraire :
*On **sonna** le tocsin, la foule **assiégea** la maison du gouverneur.*

Imparfait et passé simple : temps du récit

Dans un roman, le passé simple représente le premier plan de l'action : il sert à raconter les événements. L'imparfait représente le second plan : il sert à décrire les circonstances.
*Parmi les passants qui se **hâtaient**, il **aperçut** un homme en train de courir, le col du veston relevé, et **reconnut** le pâtissier Planchon auquel il **venait** d'envoyer une sommation.*

Marcel Aymé, *Le Passe-Muraille.*

LES VARIATIONS ORTHOGRAPHIQUES

L'imparfait et l'orthographe

À la 1re personne du pluriel et à la 2e personne du pluriel, la voyelle *i* permet de distinguer le présent (*nous chantons*) de l'imparfait (*nous chantions*).

nous envoyions
vous envoyiez

nous croyions
vous croyiez

nous cueillions
vous cueilliez

nous appréciions
vous appréciiez

L'accent circonflexe et le passé simple

À la 1re personne du pluriel et à la 2e personne du pluriel, la voyelle de la terminaison prend un accent circonflexe.

nous jetâmes
vous jetâtes

nous finîmes
vous finîtes

nous aperçûmes
vous aperçûtes

Faut-il écrire la terminaison *ais* ou *ai* ?

Le *s* ne s'entend pas, mais à l'écrit, ne l'oubliez pas.

La 1re personne du singulier des verbes en *er* a presque la même terminaison à l'imparfait (*ais*) et au passé simple (*ai*).

Pour éviter la confusion, remplacer la 1re personne du singulier *je* par la 1re personne du pluriel *nous*.

J'allais partir pour toujours → Nous allions partir... = imparfait : *ais*.

Je lui expliquai → Nous lui expliquâmes = passé simple : *ai*

EXERCICE 1

Dans les phrases suivantes, mettez les verbes à l'imparfait.

1. Le train (filer) à travers la campagne. 2. Il (envisager) son départ. 3. Ils (finir) de travailler sur les dossiers. 4. Nous (apprécier) les douceurs de la table. 5. La ville (briller) dans le lointain. 6. Un mur de briques (couper) la ville en deux.

EXERCICE 2

Dans les phrases suivantes, mettez les verbes au passé simple.

1. Ils ne (intervenir) qu'à la dernière extrémité. 2. Nous (boire) une pleine carafe d'orangeade. 3. Enfin, ils (admettre) que peut-être ils s'étaient trompés. 4. Je (embrasser) mon père, (soulever) ma valise et (monter) sur la passerelle. 5. Sa proposition (séduire) l'assemblée.

EXERCICE 3

Dans le texte suivant, mettez les verbes entre parenthèses à l'imparfait ou au passé simple :

Une joue écrasée contre le rebord, il (suivre) d'un œil, puis de l'autre, le passage lumineux d'un avion. Il ne (savoir) pas plus ce qu'il (aller) faire que ce qu'il (faire) là. Il (commencer) par se lever, il (mettre) le peignoir de la maison puis il (allumer) toutes les lampes de la chambre, (fermer) la porte donnant sur le salon et (se retourner), c'(être) sinistre. Le Room Service (proposer) des asperges et du saumon, il (pouvoir) composer le zéro zéro cinq, il (pouvoir) aussi travailler, il (pouvoir) aussi rentrer à Paris et appeler la Nîmoise de la semaine dernière, il (tourner) le réveil, il (voir) qu'il était dix heures passées.

Raphaële Billetdoux,
Mes nuits sont plus belles que vos jours.

ORTHOGRAPHE
LE GROUPE NOMINAL
LE GROUPE VERBAL
LES FONCTIONS
LA PHRASE
CONJUGAISONS

Le passé composé et le plus-que-parfait de l'indicatif

Ils ont déménagé l'an dernier **(passé composé).**
Ils avaient repéré les issues avant le hold-up **(plus-que-parfait).**
Je suis déjà venu hier **(passé composé).**

La construction du passé composé

Le passé composé se construit avec le présent de l'auxiliaire avoir ou de l'auxiliaire être et le participe passé du verbe.

*J'**ai** travaillé jusqu'à cinq heures puis je **suis** allé au cinéma.*

(ai : présent de l'auxiliaire avoir ; travaillé : participe passé du verbe travailler ; suis : présent de l'auxiliaire être ; allé : participe passé du verbe aller)

Quand faut-il employer le passé composé ?

☐ Pour exprimer une action achevée au moment où l'on parle.
*Le gouvernement **a** remboursé l'emprunt obligatoire.*
☐ Pour rapporter des événements passés.
– À l'oral : *Devine qui j'**ai** rencontré !*
– Dans la correspondance : *La commande **est** arrivée ce matin.*
– Dans un compte rendu : *Le Conseil d'administration **a** décidé…*
– Dans un article de presse : *Un violent incendie s'**est** propagé sur 12 km.*
– Dans un récit à la 1re personne : *Je **suis** resté un moment assis seul dans l'escalier pour avoir la paix* (Romain Gary).

Comment se forme le plus-que-parfait ?

Le plus-que-parfait se construit avec l'imparfait de l'auxiliaire avoir ou de l'auxiliaire être et le participe passé du verbe.

*L'équipe **avait** déclaré forfait avant la rencontre.*

(avait : imparfait de l'auxiliaire avoir ; déclaré : participe passé du verbe déclarer)

*Il s'**était** sauvé depuis longtemps.*

(était : imparfait de l'auxiliaire être ; sauvé : participe passé du verbe sauver)

Quand faut-il employer le plus-que-parfait ?

On l'emploie pour exprimer une action antérieure à une autre action passée, elle-même exprimée par le passé simple, le passé composé ou l'imparfait.
*Elle revint s'installer dans la ville où elle **avait passé** son enfance.* (L'action « *passer son enfance* » est antérieure à « *s'installer* ».)
*Il a été Premier ministre mais il **avait été** ministre des Finances auparavant.*
*C'était un détail qui **avait retenu** mon attention.*

CHOISIR ENTRE IMPARFAIT ET PLUS-QUE-PARFAIT

■ Faut-il employer l'imparfait ou le plus-que-parfait ?

■ On utilise l'imparfait pour mettre en évidence l'action en train de s'accomplir, ou en tout cas, l'action inachevée.
Elle finissait de déjeuner quand le téléphone sonna.

■ On utilise le plus-que-parfait pour insister sur l'achèvement de l'action.
Elle avait fini de déjeuner quand le téléphone sonna.

■ Attention à l'accord du participe passé !

■ Dans un verbe au passé composé ou au plus-que-parfait, lorsque le participe passé est conjugué avec l'auxiliaire avoir, il ne s'accorde pas avec le sujet.
Elle a passé son examen avec succès.

■ Lorsque le participe passé est conjugué avec l'auxiliaire être, il s'accorde avec le sujet.
Les rayures sont passées de mode.

EXERCICE 1

Mettez les verbes entre parenthèses au passé composé.

1. Je (entendre) ce que vous (dire) avant la réunion. 2. Tu (rater) la meilleure émission sur le sujet. 3. Les dirigeants (réussir) à se mettre d'accord. 4. Nous (ne pas recevoir) la livraison. 5. Dès qu'il (mettre) le contact, le moteur (s'emballer). 6. Une pluie verglaçante (recouvrir) les trottoirs et les chaussées. 7. Vous (essayer) notre nouvelle sauce tomate ? 8. Les vitrines des grands magasins (éblouir) les enfants. 9. Elle (mettre) du temps à descendre l'escalier à cause de son pied dans le plâtre. 10. Nous (rejoindre) notre famille à Pointe-à-Pitre pour Noël.

EXERCICE 2

Mettez les verbes entre parenthèses au plus-que-parfait.

1. La sirène (donner) l'alerte dès le début de l'incendie. 2. Jack (devenir) chercheur d'or en Alaska. 3. Nous (donner) notre parole de ne rien dire. 4. En fait, la banque (ne pas consentir) de prêt. 5. On (prévoir) des rafraîchissements à chaque contrôle d'étape. 6. Un de ses amis, à qui il (parler) de moi, me (contacter) pour l'écriture du scénario. 7. Elle (offrir) cette écharpe à sa mère, pour son anniversaire. 8. S'il (remporter) le match, il aurait été sélectionné. 9. Il voulait me prêter un livre, mais je le (lire) déjà. 10. Si son comportement (se modifier) j'aurais sans doute changé d'avis.

EXERCICE 3

Mettez les verbes entre parenthèses au passé composé ou au plus-que-parfait.

1. Il (pleuvoir) toute la nuit et au matin les gouttières débordèrent. 2. Elle (aller) se renseigner ce matin. 3. Vous (signer) la lettre que je viens de taper ? 4. Nous déjà (démarrer) quand un coup de sifflet retentit. 5. Je (aérer) la maison et ensuite je (allumer) un bon feu de cheminée. 6. Qu'auriez-vous fait si je (oublier) ces documents ? 7. Je (faire) deux séjours à Copenhague depuis cet été, et j'y retournerais volontiers. 8. Nous sommes à Paris depuis trois jours et nous déjà (voir) deux pièces de théâtre. 9. Si seulement je (pouvoir) vous prévenir ! 10. Je (trouver) la solution avant toi. 11. Il (ne pas finir) de dîner que l'inspecteur se présentait à sa porte. 12. Nous (découvrir) ce tableau dans une salle des ventes. 13. Au moment où il arrivait sur le quai, le bateau (larguer) les amarres.

Le passé antérieur et le futur antérieur de l'indicatif

Quand il eut réuni l'argent, il passa à l'action **(passé antérieur).**
J'aurai quitté le pays avant ce soir **(futur antérieur).**

Comment se forme le passé antérieur ?

Le passé antérieur se construit avec le passé simple de l'auxiliaire avoir ou de l'auxiliaire être et le participe passé du verbe.

*Lorsqu'elle **eut** dîné, elle demanda l'addition.*

passé simple de l'auxiliaire avoir → **eut** ; participe passé du verbe dîner → *dîné*

*Dès qu'ils **furent** **arrivés**, on les pria de patienter.*

passé simple de l'auxiliaire être → **furent** ; participe passé du verbe arriver → **arrivés**

Quand emploie-t-on le passé antérieur ?

□ Le passé antérieur, comme le passé simple, s'emploie surtout à l'écrit. C'est une forme littéraire.

□ Employé dans une proposition indépendante, il exprime une action achevée et rejetée dans le passé.

*Ils **eurent** installé les tribunes pour le jour de la fête.*

□ Le passé antérieur employé dans une proposition jointe à une autre exprime une action antérieure à une autre action passée, elle-même exprimée au passé simple.

*Lorsque j'**eus** achevé ce voyage, j'entrepris de rédiger mes mémoires.*

Comment se forme le futur antérieur ?

Le futur antérieur se construit avec le futur de l'auxiliaire avoir ou de l'auxiliaire être et le participe passé du verbe.

*À la fin de l'année nous **aurons** atte**int** notre objectif.*

futur de l'auxiliaire avoir → **aurons** ; participe passé du verbe atteindre → *atteint*

*Les portables **seront** étein**ts** pendant le spectacle.*

futur du verbe être → **seront** ; participe passé du verbe eteindre → *éteints*

Quand emploie-t-on le futur antérieur ?

Le futur antérieur s'emploie à l'oral et à l'écrit pour exprimer qu'une action sera accomplie à un moment fixé dans l'avenir : *Tu auras changé d'avis avant demain ;* ou pour montrer qu'une action sera accomplie lorsqu'une autre se produira : *Quand tu viendras nous voir, la neige aura fondu.*

QUELLE ORTHOGRAPHE CHOISIR ?

■ Faut-il écrire *j'aurai* ou *j'aurais* ?

■ À la 1re personne du singulier, l'auxiliaire du futur antérieur *j'aurai* ou *je serai* a presque la même terminaison que l'auxiliaire du conditionnel passé *j'aurais* ou *je serais*.

■ Pour éviter de les confondre, il faut observer le sens de la phrase :

Aurai-je oublié cet épisode quand je serai vieux ?

Aurais-je oublié mes gants quand je suis sorti ?

Dans la 1re phrase, le sujet s'interroge sur l'avenir (donc : *aurai*). Dans la 2e, il s'interroge sur le passé (donc : *aurais*).

■ On peut aussi remplacer la 1re personne du singulier par la 1re personne du pluriel.

Aurai-je oublié ... → *aurons-nous oublié* ... = futur antérieur.

Aurais-je oublié ... → *aurions-nous oublié*... = conditionnel passé.

■ Pas d'accent circonflexe

Au passé antérieur, à la 3e personne du singulier de l'auxiliaire (eut, fut), on ne met pas d'accent circonflexe :

Quand il eut terminé ...

Quand il fut revenu ...

On utilise l'accent circonflexe pour l'imparfait du subjonctif et le plus-que-parfait du subjonctif (p. 80).

EXERCICE 1

Mettez les verbes entre parenthèses au passé antérieur.

1. Dès qu'il (entrer) tout le monde se tut. 2. Quand ils (finir) les murs, ils commencèrent le toit. 3. Après qu'il (préparer) le terrain, il sema toutes sortes de légumes. 4. Aussitôt qu'il (dîner), il réclama un cigare et du café. 5. Après qu'ils (appeler) le médecin, ils se relayèrent au chevet du malade.

EXERCICE 2

Mettez les verbes entre parenthèses au futur antérieur.

1. Dès que nous (prendre) une décision, je vous en ferai part. 2. Demain, à cette heure-ci, vous (passer) votre examen. 3. Il (vivre) toute sa vie pour défendre cette idée. 4. Eh bien, nous ne ferons pas ce voyage, mais nous (avoir) la chance de rêver. 5. Quand le fond de tarte (refroidir) vous pourrez napper de chocolat.

EXERCICE 3

Mettez les verbes entre parenthèses au passé antérieur ou au futur antérieur.

1. Aussitôt qu'ils (entrer), ils réclamèrent à boire. 2. Après que je (remplir) une fiche, on me fit attendre un quart d'heure. 3. Pour une fois, je (atteindre) la côte avant toi ! 4. Quand tu (finir) ton stage, tu auras une promotion. 5. Dès qu'elle (remettre) son rapport, elle se sentit soulagée. 6. Quand il (achever) son discours, les applaudissements éclatèrent. 7. Quand vous (partir), les journées vont nous sembler longues. 8. Sitôt que nous (raconter) notre aventure, chacun posa des questions. 9. On peut dire que tu ne pas (se fatiguer) aujourd'hui ! 10. Quand nous arriverons à la fontaine, nous (parcourir) la moitié du chemin. 11. Dès qu'il (sortir), tout le monde éclata de rire. 12. Ce soir, nous (arriver) à destination. 13. Lorsque les alpinistes (faire) une pause de quelques minutes, ils reprirent leur ascension. 14. Dès que nous (rentrer), nous vous téléphonerons. 15. Antoine n'est pas encore arrivé ? Son réveil ne pas (sonner). 16. Quand la pluie (cesser), ils s'installèrent pour le pique-nique.

Le conditionnel présent et le conditionnel passé

Vous pourriez faire attention ! **(conditionnel présent).**
Je voudrais parler à Mme Lancelle **(conditionnel présent).**
Il aurait bien voulu rattraper son erreur **(conditionnel passé).**

Quand faut-il employer le conditionnel présent ?

☐ Pour exprimer une condition ou une supposition :
*Au cas où tu au**rais** besoin d'aide, tu peux compter sur moi.*
*Si tu avais le temps, tu repeind**rais** les volets.*
☐ Pour exprimer un souhait :
*M'accorder**iez**-vous un entretien ?*
*J'aime**rais** bien vous voir avant votre départ.*
☐ Pour exprimer une affirmation atténuée :
*Le président se**rait** prêt à démissionner.*
*Rebondissement dans l'affaire : l'accusé au**rait** un alibi incontestable.*
☐ Pour exprimer un conseil :
*À ta place, je fe**rais** un emprunt.*
*Vous devr**iez** vous réconcilier avec lui.*
☐ Pour exprimer une action ou un état futur, par rapport à un moment du passé :
*Je savais qu'il s'opposer**ait** à ce projet.*
L'action *s'opposer* vient après l'action *savoir*.

Comment se forme le conditionnel passé ?

Le conditionnel passé se construit avec le présent du conditionnel de l'auxiliaire avoir ou de l'auxiliaire être et le participe passé.

*Vous **auriez pu** faire attention.*

conditionnel présent de l'auxiliaire avoir — participe passé du verbe pouvoir

*Alors, il **serait élu** ?*

conditionnel présent de l'auxiliaire être — participe passé du verbe élire

Quand faut-il employer le conditionnel passé ?

☐ Pour exprimer une possibilité dans le passé qui ne s'est pas réalisée :
Il vous aurait accueilli lui-même, mais il a eu un empêchement.
☐ Pour exprimer une affirmation atténuée relative au passé :
Dimanche dernier, les visites à l'exposition auraient battu des records d'affluence.
☐ Pour exprimer une action antérieure à une autre, elle-même exprimée au conditionnel présent :
Je pensais que vous commenceriez dès que nous aurions signé.
L'action *signer* précède l'action *commencer*.

QUELLE ORTHOGRAPHE CHOISIR ?

Faut-il écrire la terminaison *rai* ou *rais* ?

■ Faut-il écrire *je t'accompagnerai* ou *je t'accompagnerais* ?

■ Le sens de la phrase permet de décider :

– pour affirmer une certitude, il faut employer le futur (terminaison *rai*) : *Je t'accompagnerai au match ;*

– pour exprimer un doute, il faut employer le conditionnel (terminaison *rais*) : *Je t'accompagnerais au cas où je finirais assez tôt.*

Voulez-vous exprimer un refus poli ? C'est encore le conditionnel : *Je t'accompagnerais bien mais j'ai vraiment trop à faire.*

■ On peut aussi remplacer la 1re personne du singulier *je* par la 1re personne du pluriel *nous*.

Je t'accompagnerai → *nous t'accompagnerons* (futur).

Je t'accompagnerais → *nous t'accompagnerions* (conditionnel).

Les verbes en *-ier, -ouer, -yer*

Au conditionnel, les verbes en *-ier, -ouer, -yer* prennent la terminaison *erais, erais, erait, erions, eriez, eraient*.

Je crierais, je louerais, je paierais.

EXERCICE 1

Mettez les verbes entre parenthèses au conditionnel présent.

1. Vous (devoir) parler moins fort. 2. Il (sembler) que l'accident n'ait pas fait de victime. 3. (Connaître)-vous par hasard le nouveau numéro de téléphone de Simon ? 4. Je suppose qu'ils ne (s'opposer) pas à cette solution si nous la proposions avec adresse. 5. Ma mère (s'inquiéter) si je rentrais trop tard. 6. Ne nous réjouissons pas trop vite, nous (pouvoir) être déçus. 7. (Être) il possible d'avoir deux billets au lieu d'un ?

EXERCICE 2

Mettez les verbes entre parenthèses au conditionnel passé.

1. Nous (aimer) tellement que vous assistiez à la cérémonie ! 2. Je (préférer) qu'il n'intervienne pas. 3. Sans cette panne d'électricité vous (finir) les bilans. 4. Si tu n'avais pas fait attention, le rôti (brûler). 5. Je pensais que j'(avoir) le temps de la prévenir. 6. Le garagiste (devoir) vérifier la pression des pneus.

EXERCICE 3

Mettez les verbes entre parenthèses au conditionnel présent ou au conditionnel passé.

1. Je savais qu'il (apprécier) ce cadeau. 2. Nous (mettre) trois fois plus de temps si nous n'avions pas pris l'autoroute. 3. Elle (ployer) sous le fardeau si tu ne l'aidais pas. 4. Nous pensions que vous (arriver) plus tôt. 5. Je (louer) un appartement dans le centre si c'était abordable. 6. Le (croire)-vous si âgé, si vous ne le connaissiez pas ?

L'utilisation du conditionnel dans les journaux

Lorsqu'un journaliste ne peut pas se porter garant d'une information, il utilise le conditionnel : « L'attentat n'aurait fait aucune victime. » Certains chroniqueurs ont recours au conditionnel pour décrire une situation politique à partir d'une hypothèse, comme s'il s'agissait de politique-fiction : « Dans ce cas, le président pourrait... et le gouvernement serait en mesure de... » Les titres aussi utilisent le conditionnel : « Le tremblement de terre du Pérou. La catastrophe aurait fait trente mille morts. »

Le subjonctif présent

Que personne ne sorte !
subjonctif présent du verbe *sortir*, 3e personne du singulier

Je crains que nous ne finissions pas à temps.
subjonctif présent du verbe *finir*, 1re personne du pluriel

Quand emploie-t-on le subjonctif présent dans une phrase simple ?

☐ Pour exprimer l'ordre ou la défense.
*Surtout, qu'il ne **soit** pas en retard !*
☐ Pour exprimer un souhait.
*Pourvu qu'ils **réussissent** !*

Quand emploie-t-on le subjonctif présent dans une subordonnée ?

☐ Pour exprimer la nécessité, la volonté, le refus.
*Il faut que tu **viennes** tout de suite.*
*Je ne veux pas que tu **ailles** chez eux.*
*Elle désire que nous **l'accompagnions**.*
☐ Pour exprimer le regret, la restriction.
*Nous serions désolés qu'elle ne **puisse** pas assister à la fête.*
*Je le contacterai, à moins que vous ne lui **téléphoniez** avant.*
*Bien que la tempête ne **faiblisse** pas, quelques pêcheurs quittent le port.*
☐ Pour exprimer le but, l'éventualité, l'incertitude.
*Notre objectif est que l'opération **réussisse** pleinement.*
*Je doute qu'elle **puisse** intervenir.*
*Il se peut que la pluie **interrompe** le spectacle.*
☐ Pour exprimer la condition.
*Il jouera, à condition qu'il **sache** son texte.*
*Pourvu que ses désirs **soient** satisfaits, tout lui est égal.*
*En admettant qu'il **ait** une excuse, il aurait pu tout de même nous prévenir.*
☐ Après *que, qu'*, dans une proposition indépendante.
*Que tu **aies** raison ou tort, peu importe.*
*Qu'elle **mente** ou non, nous ne le saurons jamais.*
☐ Après *quel que, quoi que, qui que, où que…*
*Quel que **soit** le problème, nous le résoudrons.*
*Quoi qu'il **fasse**, nous resterons amis.*
*Où que tu **ailles**, je te suivrai.*
☐ Après *avant que*.
Dans ce cas, le verbe est généralement précédé de *ne*.
*Avant que vous ne **partiez** en vacances, étudiez ce dossier.*
☐ Après *jusqu'à ce que*.
*Il sera remplacé jusqu'à ce qu'il **revienne**.*

QUELLE ORTHOGRAPHE CHOISIR ?

■ Faut-il écrire *j'ai* ou *j'aie* ?

■ À la 1re personne du singulier du subjonctif présent, tous les verbes se terminent par *-e*.

■ Ne confondez pas :
Rends-moi le livre que j'ai acheté hier (indicatif).
Je ne crois pas que j'aie ce livre (subjonctif).
Pour repérer le subjonctif, il faut remplacer la 1re personne du singulier par la 1re personne du pluriel.
Je ne crois pas que nous ayons ce livre.

■ La 3e personne du singulier

■ À la 3e personne du singulier, tous les verbes se terminent par *-e*, sauf être et avoir.

■ Ne confondez pas :
Il croit à notre réussite (indicatif).
C'est le seul qui croie à notre réussite (subjonctif).
Pour repérer le subjonctif, il faut remplacer le verbe *croire* par le verbe *vouloir*.
C'est le seul qui veuille notre réussite.

■ Subjonctif ou indicatif ?

Dans les propositions introduites par *avant que*, on doit utiliser le subjonctif :
Dépêche-toi de manger avant que ce ne soit froid.
Dans les propositions introduites par *après que*, on doit utiliser l'indicatif :
Nous avons rencontré Cécile tout de suite après que tu es parti.

■ Faut-il écrire *que vous ayez* ou *que vous ayiez* ?

À la 1re et à la 2e personne du pluriel, les formes usuelles sont :

que nous ayons *que nous soyons*
que vous ayez *que vous soyez*

Il arrive cependant que l'on rencontre *ayions, ayiez, soyions, soyiez*, selon l'usage ancien. Ces formes sont encore correctes aujourd'hui.

EXERCICE 1

Mettez les verbes entre parenthèses au subjonctif présent.

1. Avant que tu (s'en aller), donne-moi ton numéro de téléphone. 2. Je ne pense pas qu'il (pouvoir) s'en sortir seul. 3. Nous voulons que vous (savoir) toute la vérité. 4. Il est impératif que vous (respecter) les ordres. 5. Nous assisterons aux débats à condition qu'ils (vouloir) bien nous laisser entrer. 6. Baisse le store pour que le soleil ne l'(éblouir) pas. 7. Il faudra que nous (rassembler) un maximum d'éléments. 8. Je voudrais que tu (courir) acheter du pain avant que le boulanger ne (fermer). 9. Je ne pense pas qu'il (être) possible de satisfaire votre demande. 10. Croyez-vous vraiment qu'il (falloir) en arriver là ?

EXERCICE 2

Mettez les verbes entre parenthèses au subjonctif ou à l'indicatif.

1. Je ne pense pas que cette clause (garantir) nos intérêts. 2. Il est certain que nous (avoir) les autorisations nécessaires. 3. J'attends que vous (prendre) une décision rapidement. 4. N'oublie pas que tu (devoir) me rappeler. 5. Nous ne tolérerons pas qu'il (faire) la moindre erreur. 6. Je crois qu'il (réussir) son examen. 7. Il estime qu'il (être) nécessaire de revoir notre position. 8. Je sais que nous (devoir) le rencontrer. 9. Il n'est pas étonnant qu'il (vouloir) reporter la date de la signature. 10. Vous êtes sûr qu'il (être) bien rentré ?

Le subjonctif passé et le subjonctif imparfait

J'attendrai que tu aies terminé **(subjonctif passé).**
Je ne pensais pas qu'il fût si brillant **(subjonctif imparfait).**
Elle aurait voulu qu'il soit déjà rentré **(subjonctif passé).**

Comment se forme le subjonctif passé ?

Le subjonctif passé se construit avec l'auxiliaire avoir ou être au subjonctif présent et le participe passé du verbe.

*Dommage que tu n'**aies** pas assisté au spectacle !*

subjonctif présent de l'auxiliaire avoir — participe passé du verbe assister

*Il faudra qu'il **soit** rentré avant minuit.*

subjonctif présent de l'auxiliaire être — participe passé du verbe rentrer.

Quand emploie-t-on le subjonctif passé ?

□ Le subjonctif passé est soumis aux mêmes règles d'emploi que le subjonctif présent. On l'utilise pour exprimer la nécessité, le regret, la volonté, le refus. On l'utilise également après certaines conjonctions.

□ Le subjonctif passé exprime une action achevée.

Si l'on considère les phrases suivantes :

*Il faut que vous termin**iez** cette lettre avant midi* (subjonctif présent).
*Il faut que vous **ayez** terminé cette lettre avant midi* (subjonctif passé).

Le sens est le même dans les deux phrases mais le point de vue est différent. Dans la 1re phrase, on insiste sur le déroulement de l'action (subjonctif présent), dans la 2e, on envisage l'action achevée (subjonctif passé).

*Je ne crois pas qu'il **remporte** la course.* (L'épreuve n'est pas terminée.)

subj. présent

*Je ne crois pas qu'il **ait remporté** la course.* (L'épreuve est terminée, mais le locuteur ne connaît pas ou ne se souvient pas du résultat.)

subj. passé

Quand emploie-t-on le subjonctif imparfait ?

Le subjonctif imparfait n'est plus employé dans la langue orale courante. On l'entend encore dans les discours (qui sont en fait écrits puis lus ou appris). Même à l'écrit, l'emploi du subjonctif imparfait est le signe d'une langue particulièrement soignée. On emploie plutôt à sa place le subjonctif présent.

*Je ne pensais pas qu'il **pût** répondre* (subjonctif imparfait).
*Je ne pensais pas qu'il **puisse** répondre* (subjonctif présent).

DES USAGES DU SUBJONCTIF

Ces locutions sont toujours suivies du subjonctif

À condition que – afin que – à moins que – à supposer que – au cas que – au lieu que – avant que – bien que – ce n'est pas que – de crainte que – de façon que – de manière que – de peur que – en admettant que – en attendant que – en cas que – encore que – en sorte que – jusqu'à ce que – loin que – non que – pour peu que – pour que – pourvu que – quel que – quelque que – qui que – quoique – quoi que – sans que – si peu que – si ... que – si tant est que – soit que – supposé que.

L'accent circonflexe

Au subjonctif imparfait, la 3e personne du singulier prend un accent circonflexe : *qu'il aimât, qu'il vînt, qu'il crût...*

Les subjonctifs imparfaits à retenir

Il est important de pouvoir reconnaître, sinon employer, les formes de la 3e personne du singulier des verbes les plus usuels.

- Avoir : *Il fallait qu'il eût raison.*
- Être : *Je voulais qu'il fût mieux accueilli.*
- Dire : *Il eût mieux valu qu'il dît la vérité.*
- Faire : *Je ne savais pas qu'il fît du théâtre.*
- Vouloir : *Il n'était pas question qu'il voulût en faire à sa tête.*
- Pouvoir : *Je ne voulais pas qu'il pût la voir.*
- Savoir : *Elle aurait voulu qu'il sût le piano.*
- Devoir : *Nous ne pensions pas qu'il dût repartir.*

EXERCICE 1

Mettez les verbes entre parenthèses au subjonctif passé ou au subjonctif imparfait.

1. La neige se mit à tomber avant qu'ils (atteindre subj. passé) le refuge. 2. Je ne pense pas qu'ils déjà (arriver subj. passé). 3. Il arrivait qu'il ne (rentrer subj. imp.) qu'à l'aube. 4. Nous ne pensions pas qu'ils (pouvoir subj. imp.) en arriver à cette extrémité. 5. Ils travaillèrent toute la nuit, jusqu'à ce que le soleil (paraître subj. imp.). 6. Une semaine passa, sans qu'on (s'apercevoir subj. imp.) de sa disparition. 7. J'attendrai que vous (ranger subj. passé) votre chambre. 8. Il ne voulait pas admettre qu'elle (réussir subj. passé) si rapidement. 9. Qu'ils (croire subj. passé) bien faire excuse leur maladresse. 10. J'aurais préféré qu'elle (être subj. imp.) au courant de ma démarche.

EXERCICE 2

Mettez les verbes entre parenthèses au subjonctif imparfait ou au passé simple de l'indicatif.

1. Il ne (être) ministre que quelques semaines. 2. Il serait souhaitable que le dossier (être) transmis au service concerné. 3. Il (faire) un discours tout à fait remarquable. 4. Il ne (vouloir) entendre aucun argument. 5. Qu'il (connaître) déjà l'issue des négociations n'avait rien d'étonnant. 6. Je ne croyais pas qu'il (faire) autant d'efforts pour nous convaincre. 7. Elle (savoir) tout de suite où il voulait en venir. 8. Nous avions pris des dispositions pour que Monsieur X... (avoir) le temps de consulter les résultats de la gestion. 9. Je ne doutais pas qu'il (pouvoir) nous venir en aide.

L'infinitif

***Développer** le marché est impératif.*
infinitif du 1er groupe à valeur de nom, sujet du verbe *être*

Nous ferons le maximum pour vous satisfaire.
infinitif du 3e groupe à valeur de verbe

Qu'est-ce que l'infinitif ?

☐ L'infinitif est une des formes impersonnelles, c'est-à-dire non conjuguées, du verbe.

☐ Les terminaisons sont :
- pour les verbes du 1er groupe : ***-er*** exemple ***crier***
- pour les verbes du 2e groupe : ***-ir*** exemple ***envahir***
- pour les verbes du 3e groupe : ***-ir*** exemple ***dormir***
  -oir exemple ***pouvoir***
  -re exemple ***prendre, moudre, boire***

Quelles sont les valeurs de l'infinitif ?

☐ L'infinitif peut avoir une valeur de verbe.
*Ne pas **gêner** la fermeture des portes.*
*Comment lui **expliquer** ?*
***Prendre** deux comprimés par jour.*
*Cela fait plaisir à **voir**.*

☐ L'infinitif peut avoir une valeur de nom.
*Le **rire** est le propre de l'homme.*
*Il n'a aucun **savoir-vivre**.*
*Je voudrais un **aller** simple pour Marseille.*

Quelle est la fonction de l'infinitif ?

☐ L'infinitif peut être le noyau verbal d'une phrase :
***Découper** suivant le pointillé.*

☐ L'infinitif employé comme nom peut prendre toutes les fonctions du nom :
- sujet : ***Partir** dès l'aube vaudrait mieux.*
  sujet du verbe valoir
- complément d'objet direct : *Je ne veux pas **conduire**.*
  c.o.d. du verbe vouloir
- complément d'objet indirect : *Il faudra penser à lui **rendre** son livre.*
  c.o.i. du verbe falloir
- complément circonstanciel : *Il a été brutal sans le **vouloir**.*
  c. circonstanciel du verbe être
- complément du nom : *Il est bientôt l'heure de **partir**.*
  complément du nom heure

QUELLE ORTHOGRAPHE CHOISIR ?

L'infinitif ne se conjugue pas

- L'infinitif est un mode impersonnel, sa terminaison ne change pas.

Nous avons vu les insurgés rendre les armes.

- Pour savoir si l'on a affaire à un infinitif en cas de doute, il faut remplacer le verbe en question par un verbe du 1er groupe : *chanter, crier*, etc.

J'ai entendu les enfants rire dans le jardin.

J'ai entendu les enfants crier dans le jardin.

Faut-il écrire -*er* ou -*é* ?

- Il faut écrire -*er* chaque fois que le verbe est à l'infinitif.

Il faudra sans doute trouver une solution.

Pour savoir si le verbe est à l'infinitif ou au participe passé, il faut le remplacer par un verbe du 2e ou du 3e groupe, ici par exemple *réfléchir* ou *prévoir*.

Il faudra sans doute réfléchir à une solution.

Il faudra sans doute prévoir une solution.

- Il faut écrire -*er* après une préposition :

As-tu pensé à remplacer le joint ?

Voici du chocolat pour goûter.

- Il faut écrire -*é* après avoir ou être, il s'agit dans ce cas du participe passé :

Tu serais étonné !

Après avoir dîné, il rentra.

EXERCICE 1

Écrivez -*é* ou -*er* à la place des pointillés.

1. On s'est moqu... de nous ! 2. Prends les jumelles pour observ... les chamois. 3. Il passait des heures à guett... son retour. 4. Tout est fait pour incit... les gens à achet... 5. Nous avons expos... tous les modèles. 6. Je serai oblig... de rest... plus tard. 7. Il a exerc... trois ans sans être inquiét... 8. Vous devrez financ... le projet. 9. Avant d'avoir essay... il était décourag.... 10. Nous avons accept... mais vous devrez modifi... certains articles. 11. Il ne sait pas donn... un ordre sans cri...

EXERCICE 2

Écrivez -*é* ou -*er* à la place des pointillés.

1. As-tu donn... ton costume à nettoy... ? 2. C'est un passant qui m'a aid... à chang... la roue. 3. Le médecin a autoris... les visites. 4. Voulez-vous me prêt... votre stylo, je crois que j'ai oubli... le mien. 5. Pour assur... la sécurité, les forces de l'ordre ont demand... des renforts. 6. Nous devrons sans doute prolong... la séance de quelques minutes. 7. Ils avaient déjà rassembl... les cadeaux sous le sapin, et prépar... une table de fête. 8. Tu n'as pas encore téléphon... à ta grand-mère, tu vas te faire grond... 9. Pendant plusieurs jours nous avons hésit... sur la conduite à adopt.... 10. Il aimerait récupér... le livre qu'il t'a prêt....

Rire jaune

Cette expression, qui contient un verbe à l'infinitif, signifie rire avec gêne. Pourquoi le jaune ? C'est la couleur du soufre, donc de l'enfer. Au Moyen Âge, le jaune devint la couleur de la trahison. En Espagne, les victimes des autodafés étaient vêtus de jaune, signe d'hérésie et de trahison. De là *le jaune*, l'ouvrier qui travaille malgré l'ordre de grève donné par la corporation : celui qui trahit (et qui s'oppose, depuis le début du siècle, aux rouges). Alors, pourquoi le « maillot jaune » du vainqueur du Tour de France ? Le choix est paraît-il dû au hasard, c'était la couleur du journal *L'Équipe*, imprimé alors sur papier jaune.

Le participe présent Le gérondif

L'un tirant, l'autre poussant, ils se hissèrent en soufflant.

participes présents à valeur de verbe — gérondif

Qu'est-ce que le participe présent ?

Le participe présent est une des formes impersonnelles du verbe. Il finit toujours par *-**ant***, quel que soit le groupe du verbe.

Quelles sont les valeurs du participe présent ?

□ Le participe présent peut avoir une valeur de verbe.
***Visitant** l'île pour la première fois, j'ignore ses coutumes.*
*Il devint furieux, **brisant** tout autour de lui.*

□ Le participe présent peut avoir une valeur d'adjectif. C'est l'adjectif verbal.
*Bronzée et **souriante**, elle entra dans le bureau.*
*Attention, la chaussée est **glissante** !*

Quelle est la fonction du participe présent ?

□ Le participe présent à valeur de verbe est, comme tout autre verbe, le noyau de la phrase.
***Se trompant** de direction, il aboutit à une impasse.*
□ Le participe présent à valeur d'adjectif, ou adjectif verbal, a toutes les fonctions de l'adjectif.
– Épithète : *Un accueil **charmant** vous sera réservé.*
épithète du nom accueil
– Attribut : *Elle est gentille mais **assommante** !*
attribut du sujet elle

Qu'est-ce que le gérondif ?

Le gérondif est la locution formée par la préposition ***en*** et le participe présent.
*Il se retourna **en riant**.*

Quelle est la fonction du gérondif ?

Le gérondif est complément circonstanciel. Il exprime :
– la manière : *Il tourna les talons **en bougonnant** ;*
– le moyen : *Il déclencha l'alarme **en pressant** le bouton ;*
– la cause : ***En claquant** la porte, vous l'avez réveillé ;*
– l'opposition : *Tout **en le connaissant** peu, je l'estime ;*
– la supposition : ***En calculant** tes chances, tu dois y arriver.*

QUELLE ORTHOGRAPHE CHOISIR ?

■ Participe présent et adjectif verbal

La terminaison de l'adjectif verbal est parfois différente de la terminaison du participe présent.

Son geste provocant a choqué l'assistance.

Il est sorti en provoquant un scandale.

Adjectif	Participe présent
communicant	*communiquant*
convaincant	*convainquant*
provocant	*provoquant*
adhérent	*adhérant*
différent	*différant*
divergent	*divergeant*
équivalent	*équivalant*
extravagant	*extravaguant*
fatigant	*fatiguant*
expédient	*expédiant*
influent	*influant*
précédent	*précédant*

■ L'accord du participe présent

■ Le participe présent à valeur verbale ne s'accorde pas.

On entendait la meute hurlant de fureur.

■ Le participe présent à valeur adjectivale s'accorde avec le nom qu'il accompagne.

Des garçons charmants, des vallées riantes.

– Le participe présent s'accorde dans les expressions suivantes :

des ayants droit, des ayants cause, des ayants compte, toutes affaires cessantes, séance tenante, à la nuit tombante.

EXERCICE 1

Réduisez les propositions soulignées pour obtenir des participes présents.

1. Alors qu'il descendait l'escalier, il glissa sur une marche cirée. 2. Comme il observait les oiseaux, il remarqua un drôle d'objet dans le ciel. 3. Ils découvrirent d'énormes cèpes alors qu'ils cherchaient un endroit pour pique-niquer. 4. La foule, qui se pressait autour du vainqueur, l'empêchait d'accéder au podium. 5. Comme il se promenait le long du canal, il aperçut une vieille connaissance. 6. Alors qu'il rentrait chez lui, il entendit un drôle de bruit au premier étage. 7. Comme elle s'aperçut qu'elle était suivie, elle essaya de se fondre dans la foule du marché.

EXERCICE 2

Écrivez correctement la terminaison du participe présent ou de l'adjectif verbal.

1. Arrête de t'agiter, tu es fatig… 2. Je veux être payé en espèces sonn… et trébuch… ! 3. Vous verrez, c'est un homme très influ… 4. Repassez-moi le dossier précéd… 5. Je ne connais rien d'équival… à ce matériel. 6. C'est en convain… ses associés qu'il a modifié la politique de vente. 7. Ce temps orageux est suffo… 8. Les valeurs se sont effondrées, provo… des réactions diverses. 9. Il prit son café, encore tout somnol…

EXERCICE 3

Écrivez correctement la terminaison du participe présent ou de l'adjectif verbal.

1. C'est un patron charm… mais très exig… 2. Nous avons besoin de quelqu'un parl… plusieurs langues. 3. Attention à votre parquet, c'est un produit très déterg… 4. Je n'oserai jamais porter cette tenue, c'est beaucoup trop extravag… 5. Il n'est pas très apprécié à cause de ses propos souvent provo… 6. Isabelle, excell… dans toutes les disciplines, remporta tous les premiers prix.

L'accord du participe passé avec *avoir*

La villa qu'ils ont louée est au bord de la mer.
participe passé accordé avec le complément d'objet direct *qu'* placé avant le verbe

Qu'est-ce qu'un participe passé ?

☐ Le participe passé est une forme impersonnelle (non conjuguée) du verbe.
Passé, ri, vendu, surpris.

☐ La terminaison du participe passé des verbes se forme de la façon suivante :

1er groupe : *é* exemple : *nager* → *nag**é***
2e groupe : *i* exemple : *sentir* → *sent**i***
3e groupe : *u* exemple : *vêtir* → *vêt**u***
u exemple : *plaire* → *pl**u***
t exemple : *craindre* → *crain**t***
is exemple : *asseoir* → *ass**is***

☐ Le participe passé employé comme adjectif (participe passé adjectival) s'accorde avec le nom qu'il accompagne :

– en genre : *un spectacle réussi* → *une soirée réussie* ;
masculin — féminin

– en nombre : *un but bien défendu* → *des buts bien défendus*.
singulier — pluriel

L'accord du participe passé avec l'auxiliaire *avoir*

☐ Le participe passé employé avec l'auxiliaire avoir s'accorde avec le complément d'objet direct (c.o.d.) lorsque celui-ci est placé avant le verbe.

Ces échantillons, nous ne les avons pas reçus.
c.o.d. — verbe

Mais : *nous n'avons pas reçu ces échantillons.*
verbe — c.o.d.

L'enquête qu'il a entreprise semble difficile.
c.o.d. — verbe

Mais : *Il a entrepris une enquête difficile.*
verbe — c.o.d.

☐ Attention ! Le participe passé employé avec avoir ne s'accorde jamais avec le sujet.

Elle a longtemps vécu en Afrique.
Nous avons commandé le dessert.

LES PARTICIPES PASSÉS QUI NE S'ACCORDENT JAMAIS

Certains participes passés sont invariables

- Les participes passés de *être* et *pouvoir* :

– *été : Les faits qui ont été rapportés sont faux.*

– *pu : Ils ont secouru les blessés qu'ils ont pu.*

- Les participes passés *coûté, valu, payé*, lorsqu'ils sont employés au sens propre (idée de prix).

Les soixante euros qu'il a payé.

- Les participes passés *cru, dû, pensé, permis, prévu, su, voulu*, lorsque « obtenir » est sous-entendu.

Il n'a pas choisi la solution que nous aurions voulu.

- Les participes passés précédés en *en*.

Plus de cerises pour moi, j'en ai trop mangé.

- Les participes passés des verbes sans complément d'objet direct.

Elles ont servi.
Cette maison qui m'a appartenu.
Les années qui ont passé.

Écrire *é* ou *er*

Remplacez le verbe à conjuguer par un verbe du 2e ou du 3e groupe : vous entendrez la différence entre le participe passé et l'infinitif.

Les vingt euros seront vite dépensés.
Ils seront vite pris (participe passé).
Vingt euros ? C'est facile à dépenser !
Vingt euros ? C'est facile à prendre ! (infinitif).

EXERCICE 1

Choisissez la terminaison appropriée.

1. Elle a (oublier) son manteau. 2. J'adore les marrons (glacer). 3. Montrez-moi les plans que vous avez (ranger). 4. Cette maison a (coûter) une fortune ! 5. Voilà la mine d'or qu'il a (découvrir). 6. Il est d'accord avec les idées que nous avons (défendre). 7. Ses cheveux, je suis sûre qu'elle les a (décolorer) 8. Les renseignements qu'on vous a (fournir) vous seront utiles.

EXERCICE 2

Écrivez correctement le participe passé.

1. Les soldats ont (défendre) leur position avec un grand courage. 2. Les résultats qu'il a (atteindre) lui ont (valoir) une prime. 3. L'adversaire qu'elle a (affronter) était de première force. 4. La clé que tu as (trouver) n'est pas à nous. 5. La pie qu'il a (recueillir) est toujours (percher) sur son épaule. 6. (Engager) hier matin, elle a déjà (démissionner). 7. La panthère a été (apercevoir) dans le square Mirabeau. 8. Les victimes ont été rapidement (évacuer). 9. La sirène que vous avez (entendre) sonne le premier mercredi de chaque mois. 10. Elle a (reprendre) l'entreprise familiale.

Être paumé

Le participe passé *paumé* a plusieurs origines. *Paumé* vient de la paume de la main. Thomas Corneille écrit au XVIIe siècle : « Si j'osais pour douceur te bien paumer la gueule » !... Mais le terme *paumé* dans le sens actuel, être perdu, vient aussi de la déformation de « avoir un air panné », expression populaire du début du siècle, qui signifiait : avoir un air misérable.

L'accord du participe passé avec *être*

La bouteille s'est cassée parce que la caisse est tombée.

participe passé d'un verbe pronominal, s'accorde avec le sujet *bouteille*

participe passé employé avec *être*, s'accorde avec le sujet *caisse*

L'accord du participe passé avec l'auxiliaire *être*

Le participe passé employé avec l'auxiliaire *être* s'accorde toujours avec le sujet :
– en genre : *Le texte est voté* → *La loi est votée* ;
– en nombre : *Le député est élu* → *Les députés sont élus*.

L'accord du participe passé d'un verbe pronominal

☐ Le participe passé s'accorde avec le sujet lorsque le pronom *se* ou *s'* n'a pas de fonction (*s'évanouir, s'enfuir, s'écouler, se taire, se soucier, se souvenir*, etc.) Le pronom fait corps avec le verbe.

Les heures se sont écoulées sans qu'on s'en aperçoive.
sujet accord

Les nuages se sont éloignés.
sujet accord

(les heures n'ont pas écoulé elles-mêmes ; les nuages n'ont pas éloigné eux-mêmes).

☐ Le participe passé s'accorde avec le complément d'objet direct placé avant le verbe lorsque le pronom *se* ou *s'* a une fonction.

– *Elle s'est entraînée sérieusement.*
cod avant le verbe accord

s', complément d'objet direct, est placé avant le verbe (elle a entraîné elle-même) : le participe s'accorde.

– *Elle s'est cassé la jambe.*

la jambe, complément d'objet direct, est placé après le verbe : le participe ne s'accorde pas (*s'* est complément d'objet second).

– *La jambe qu'elle s'est cassée gardera une cicatrice.*

qu', complément d'objet direct, est placé avant le verbe : le participe passé s'accorde (*qu'* ayant pour antécédent *la jambe*).

☐ Le participe passé d'un verbe pronominal n'admettant pas de complément d'objet direct ne s'accorde jamais, il est invariable.

Nous nous sommes plu tout de suite.

C'est vrai pour *se plaire, se déplaire, se convenir, se mentir, se nuire, se parler, se ressembler, se sourire, se succéder, se suffire, se survivre, s'en vouloir*, etc.

PARTICIPE PASSÉ ET INFINITIF

■ Quand faut-il faire l'accord ?

■ Le participe passé suivi d'un infinitif ne s'accorde pas quand le sujet ne fait pas l'action.
Elle s'est entendu dire ses quatre vérités.
Ils se sont laissé faire.

■ On accorde le participe passé quand le sujet fait l'action.
Elle s'est sentie glisser (*elle* est sujet du verbe pronominal et de l'infinitif *glisser*).

EXERCICE 1

Accordez chaque participe passé comme il convient.

1. Les feuilles se sont (envoler). 2. Elle est (partir) en voyage. 3. Ils se sont (soigner). 4. Elles se sont (tromper) mais elles se sont (rendre) compte de leur erreur. 5. Les événements se sont (succéder) rapidement. 6. Nous nous sommes (plaindre) auprès de la direction. 7. Elle s'est (douter) de quelque chose. 8. Ils se sont (disputer) la victoire. 9. Elle s'est (fouler) le poignet. 10. Ils se sont (absenter) quelques instants. 11. Nous nous en sommes (sortir) indemnes. 12. La veste qu'elle s'est (faire) faire est très jolie. 13. Ils ne se sont plus (parler) depuis cette histoire. 14. Elles se sont (déplaire) au premier abord.

EXERCICE 2

Accordez le participe passé.

1. La réflexion qu'elle s'est (permettre) m'a déplu. 2. Ils se sont (taire) dès notre entrée. 3. Ils se sont (laisser) gronder sans répondre. 4. Elles se sont (soucier) de lui comme d'une guigne. 5. Les lumières se sont (éteindre) avant que les spectateurs soient (sortir). 6. Elles tournèrent la tête pour n'être pas (reconnaître). 7. Ils se sont (parler) toute la soirée puis se sont (quitter) sans même échanger leurs adresses. 8. Cette fille est plus intelligente que je ne l'aurais (croire). 9. Elle s'est (donner) beaucoup de mal et elle en est (récompenser). 10. Ils sont (revenir) d'Italie.

EXERCICE 3

Accordez le participe passé.

1. La chambre que nous avons (réserver) a été (régler) par carte bancaire. 2. Beaucoup d'arbres ont été (casser) par la tempête. 3. La coupe de champagne que nous avons (boire) ensemble nous a (réconcilier). 4. Sylvie est (ravir) de son entretien. Les suggestions qui lui ont été (faire) l'ont vivement (intéresser). 5. La direction n'a pas (confirmer) les propos qu'elle avait (tenir) hier soir. 6. Elle s'est (laisser) monter la tête. 7. Elles se sont beaucoup (ressembler) jusqu'à l'adolescence. 8. L'émission que nous avons (regarder) hier soir était très intéressante. 9. Les questions qui ont été (poser) étaient pertinentes. 10. Les résultats que nous avons (obtenir) nous ont (combler).

EXERCICE 4

Accordez le participe passé.

1. Elle s'est (servir) trois fois. 2. Tout le monde l'a (croire) guérie. 3. J'ai fait tous les efforts que j'ai (pouvoir). 4. Au cours de son épreuve, beaucoup d'affection lui fut (témoigner). 5. Après que la vie les eut (séparer), la solitude lui est (apparaître) comme un refuge. 6. Les manifestants que la police a (disperser) ont (trouver) les bouches de métro (fermer). 7. Nous avons (faire) les aménagements que vous avez (demander). 8. L'équipe locale a été (dominer) par l'adversaire. 9. Nous avons été (recevoir) royalement. 10. Les années se sont (succéder) sans changement important.

L'adverbe

Nous avons assisté à un très beau spectacle.
adverbe

Au-delà de cette limite, votre ticket n'est plus valable.
locution advierbale

À quoi sert un adverbe ?

☐ L'adverbe sert à préciser, dans la phrase, le moment, le lieu, la manière ou la quantité.
– Le moment : *Venez* ***demain****. Il devait venir* ***hier****.*
– La manière : *Accueillez-les* ***gentiment*** *et* ***joyeusement****.*
– Le lieu : *C'est* ***là*** *qu'il faudra poser les meubles et non* ***à côté****.*
– La quantité : *J'ai* ***encore*** *de l'argent.*
☐ Un adverbe composé de plusieurs mots est une locution adverbiale.
Répondez ***tout de suite****. J'arriverai* ***à pied****.*
Il s'envola ***à tire-d'aile****. Apprenez-le* ***par cœur****.*

Quelle est la fonction d'un adverbe ?

L'adverbe a une fonction propre dans la phrase. Il est dit circonstanciel quand il est l'équivalent d'un complément circonstanciel.
Il est venu ***souvent*** *au magasin* (circonstanciel de temps).
Le rideau se releva ***doucement*** (circonstanciel de manière).
Posez-le ***à gauche*** *de la table* (circonstanciel de lieu).

L'adverbe ne s'accorde jamais

☐ L'adverbe est toujours invariable.
Ces routes sont ***extrêmement*** *dangereuses.*
Le plus *enthousiaste harcèle* ***la moins*** *convaincue.*
☐ Les adjectifs qualificatifs *court, bon, haut, fort*… employés comme adverbes sont invariables.
Ses cheveux sont coupés ***court****.*
Les pelouses sentent ***bon*** *l'herbe coupée.*
Des personnes ***haut*** *placées nous soutiendront.*
Certains amateurs sont ***fort*** *capables d'impressionner des professionnels.*
☐ Exceptions :
– L'adverbe *tout* varie en genre et en nombre devant les adjectifs féminins commençant par une consonne ou un h aspiré.
Elles sont ***toutes*** *punies et* ***toutes*** *honteuses.*
– Quelques autres adverbes s'accordent.
Une fleur fraîche ***éclose****. Une fenêtre* ***grande*** *ouverte.*
Des portes ***larges*** *ouvertes. Nous arrivâmes* ***bons*** *premiers.*
Elles étaient ***nouvelles*** *mariées. Des* ***nouveaux*** *venus.*

QUELLE ORTHOGRAPHE CHOISIR ?

Faut-il écrire *-amment*, *-emment* ou *-ment* ?

On hésite souvent sur la terminaison des adverbes de manière.

- Terminaison *-amment* :

On écrit *amment* si l'adverbe est issu d'un adjectif masculin en *-ant*.
Pesant → pesamment.

- Terminaison *-emment* :

On écrit *emment* si l'adverbe est issu d'un adjectif masculin en *-ent*.
Décent → décemment.

- Terminaison *-ment* :

– On écrit *ment* si l'adverbe est issu d'un adjectif féminin.
Excessive → excessivement
On écrit *ment* si l'adverbe est issu d'un nom.
Le diable → diablement.
– On écrit *ment* si l'adverbe est issu d'un adjectif se terminant :
• en *é : Obstiné → obstinément ;*
• en *i : Hardi → hardiment ;*
• en *u : Résolu → résolument.*

Attention aux exceptions !

Gaiement, gentiment, impunément, traîtreusement, brièvement, assidûment, sûrement, crûment, immensément, expressément.

EXERCICE 1

Repérez les adverbes dans les phrases suivantes.
1. Je me suis réveillé tard. 2. Je vous accompagnerais volontiers. 3. À nouveau, le beau temps était revenu. 4. La sonnerie a retenti longtemps, avant que quelqu'un ne décroche. 5. On entendait souvent des bruits intensément frappés. 6. Posez ces livres doucement, à droite de l'étagère centrale. 7. Ce que vous dites m'intéresse peu.

EXERCICE 2

Formez les adverbes à partir des mots suivants.
Habituelle – prétendu – assuré – poli – claire – fatale – fausse – récent – bruyant – différent – prudent – décent – franc – haut – fort – doux.

EXERCICE 3

Chassez l'intrus dans chacune des listes suivantes.
Adverbes de temps : aussitôt, autrefois, déjà, ensuite, très.
Adverbes de quantité : autant, encore, environ, presque, puis.
Adverbes de lieu : aujourd'hui, autre part, côte à côte, dedans, là-haut.
Adverbes de manière : ainsi, jamais, gratuit, incognito, volontiers.

EXERCICE 4

Chassez l'intrus dans chacune des listes suivantes.
1. Apaisement – épuisement – paisiblement – ravissement – sentiment.
2. Absolument – argument – assidûment – éperdument – résolument.
3. Hardiment – tourment – joliment – poliment – quasiment.

Le mot le plus long de la langue française

Par tradition, on considère que c'est l'adverbe *anticonstitutionnellement*, 25 lettres ! Il dérive du nom *constitution*, lui-même formé à partir du latin *constitutio* (*constituere* signifie établir). Anticonstitutionnellement veut dire contraire à la constitution. Les mots de la même famille sont très nombreux : anticonstitutionnel, constitutionnel, constituant, constituer, constitutif, constitutionnaliser, constitutionnalité.

Le sujet

Le centre commercial ouvrira samedi prochain.
sujet du verbe *ouvrir*

Votre femme semblait souffrante ce matin.
sujet du verbe *sembler*

Qu'appelle-t-on sujet ?

☐ Le sujet désigne l'agent de l'action exprimée par le verbe. Le sujet fait l'action, ou est dans l'état exprimé par le verbe.

***Le président** donne une conférence de presse.*
sujet — action

***Thomas** devint blanc de colère.*
sujet — état

***Le garagiste** a réparé ma voiture.*

Dans ces cas, les verbes *donne, devint, a réparé* sont à la forme active.

☐ Le sujet peut aussi désigner celui qui subit l'action.

***Les colis** sont contrôlés avant chaque envoi.*
***La manifestation** est annulée par ordre préfectoral.*
***Ma voiture** a été réparée.*

Dans ces cas, les verbes *sont contrôlés, est annulée, a été réparée* sont à la forme passive.

Quelle est l'influence du sujet sur le verbe ?

☐ Le sujet fait varier le verbe.

– Le verbe s'accorde avec le sujet en nombre (singulier ou pluriel).

***Le riz** cuit pendant vingt minutes.*
***Les pâtes cuisent** dix minutes.*
***Pierre, Jean et moi sommes allés** voir le match hier soir.*

– Le verbe s'accorde avec le sujet en personne (1re, 2e, 3e personne).

*Si **tu vas** à la réunion, j'y vais aussi.*
***Nous avons** mis une semaine pour repeindre la maison.*
***Vous rencontrerez** sans doute des gens intéressants.*

☐ Le participe passé du verbe peut s'accorder en genre et en nombre avec le sujet.

***Elles** sont **venues** à Paris.*

Où se place le sujet dans la phrase ?

☐ Le sujet est placé avant le verbe.

– Dans une phrase affirmative : ***Tu** viendras me chercher.*
– Dans une phrase négative : ***Tu** ne viendras pas me chercher.*
– Dans une phrase interrogative avec la locution « est-ce que… » : *Est-ce que **tu** viendras me chercher ?*

☐ Il est placé après le verbe dans une phrase interrogative. *Le crois-**tu** vraiment ?*

☐ Le sujet est également placé après le verbe après des expressions telles que : sans doute, peut-être, à peine, du moins, etc.

*Peut-être fera-t-**il** beau.*

REPÉRER LE SUJET D'UN VERBE

Deux moyens pour repérer le sujet

- Poser la question « qui... ? » + verbe ou « qui est-ce qui... ? » + verbe.

Le joueur entre sur le terrain → qui entre ? – *le joueur* ;
qui est-ce qui entre ? → *le joueur.*
Notre société n'a pas obtenu le contrat → qui n'a pas obtenu... ? → notre société ;
qui est-ce qui n'a pas obtenu... ? → notre société.

- Observer l'accord du verbe :

Jean doit passer à la banque.
Ses parents doivent venir le chercher.
Le sujet fait varier le verbe.

EXERCICE 1

Repérez le sujet dans les phrases suivantes.

1. La colère l'a rendu fou. 2. Patience et longueur de temps font plus que force ni que rage. 3. Le ministre de la Culture inaugurera l'exposition. 4. Les livres, les cahiers, les crayons, l'encrier se répandirent sur le sol. 5. Sans doute aurais-je dû vous prévenir plus tôt. 6. « Tout ceci est de votre faute », lui dit-elle. 7. Ni Claude ni François ne l'invitèrent à les suivre. 8. Beaucoup auraient aimé participer au rallye. 9. Qui va à la chasse perd sa place. 10. Quelques-uns lisaient, d'autres fumaient ou jouaient aux dominos.

EXERCICE 2

Accordez le verbe (au temps indiqué) avec le sujet.

1. Les rayons du soleil entre les arbres (éblouir, ind. imp.) le conducteur. 2. Au fond du parc (se trouver, ind. prés.) la piscine et le court de tennis. 3. Vos parents (prendre, ind. p.c.) leur décision ?

EXERCICE 3

Accordez le verbe (au temps indiqué) avec le sujet.

1. Tous les collègues de Sylvie lui (envoyer, ind. p.c.) une carte de félicitations. 2. Au fond du barrage, (gronder, ind. imp.) l'eau et les turbines. 3. Dès vendredi soir, les principaux axes (risquer, ind. prés.) d'être saturés. 4. Je (penser, ind. imp.) que cette dame et vous (être, ind. imp.) du même âge. 5. Mes cousins et moi (passer, ind. p.c.) tous les étés dans cette grande maison.

EXERCICE 4

Accordez le verbe (au temps indiqué) avec le sujet.

1. Voici la liste des candidats que (proposer, ind. prés.) la majorité actuelle. 2. Aujourd'hui, c'est moi qui (être, ind. prés.) de garde. 3. Dans cette ville nouvelle, les rues que (parcourir, ind. prés.) Jean (se ressembler, ind. prés.) toutes. 4. La manœuvre (réussir, ind. fut.)-elle ? 5. Ce sont les moyens d'obtenir ce résultat que (pouvoir, cond. prés.) contester l'équipe.

Sujet : du latin *subjectum*

Le terme sujet vient du latin *subjectum* qui signifie : ce qui est subordonné, ce qui dépend de.
La grammaire nous apprend que le sujet est celui qui fait l'action ou qui la subit.
En biologie, on parle de sujet pour désigner l'organisme ou l'organe sur lequel on a fait une greffe. À l'Opéra, les petits et grands sujets représentent les quatrième et cinquième échelons de la hiérarchie du corps de ballet. En musique, le sujet est le thème exposé dans une fugue.

ORTHOGRAPHE
LE GROUPE NOMINAL
LE GROUPE VERBAL
LES FONCTIONS
LA PHRASE
CONJUGAISONS

L'attribut

Ce forfait pour téléphone est économique et modulable.
adjectifs attributs du sujet *forfait*

Nous le croyons très capable de vous aider.
adjectif attribut du complément d'objet direct *le*

Qu'appelle-t-on attribut ?

☐ L'attribut précise la caractéristique du sujet ou du complément d'objet direct.
– Attribut du sujet : *Le nouveau locataire a l'air* ***aimable***.
sujet — attribut
Il est nommé ***chef de service***.
– Attribut du c.o.d. : *Il considérait cet ami comme* ***son frère***.
c.o.d. — attribut
Nous avons élu Michel ***président*** *du club.*

☐ L'adjectif, le nom, le groupe nominal peuvent être attributs :
– l'adjectif : *Ici, les enfants sont* ***heureux***.
Ce chien semble ***perdu***.
– le nom : *Ici, les enfants sont des* ***rois***.
Ce peintre est un ***génie***.
– le groupe nominal : *Ici, les enfants sont des* ***rois tyranniques***.
Les zèbres sont des ***équidés à rayures blanches et noires***.

Comment accorder l'attribut du sujet ?

L'attribut s'accorde avec le sujet :
– en genre :
Jean est un garçon sérieux. → *Marie est une fille sérieu**se**.*
*Son père est genti**l**.* → *Sa mère est genti**lle**.*
– en nombre :
*Ce livre est intéressan**t*** → *Ces livres sont intéressan**ts***
*Cet enfant semble épanou**i**.* → *Ces enfants semblent épanou**is**.*

Comment accorder l'attribut du complément d'objet direct ?

L'attribut du c.o.d. s'accorde avec le c.o.d. :
– en genre :
*Je le trouve charman**t**.* → *Je la trouve charman**te**.*
*J'ai trouvé cet homme courageu**x**.* → *J'ai trouvé cette femme courageu**se**.*
– en nombre :
*Je le trouve loy**al**.* → *Je les trouve loy**aux**.*
Nous avons jugé cette question trop difficile. → *Nous avons jugé ces questions trop difficile**s**.*

REPÉRER L'ATTRIBUT

■ L'attribut du sujet

■ L'attribut désigne la même chose ou la même personne que le sujet. Il précise la caractéristique du sujet.

Jacques est devenu dessinateur.
Cette fillette a l'air épanouie.

■ L'attribut est relié au sujet par un verbe d'état (être, sembler, paraître, avoir l'air, devenir, rester, passer pour, être proclamé, etc.).

Cet enfant se montre de plus en plus éveillé.
Nos tarifs restent inchangés.
Le patron semble dur en affaires.

■ L'attribut du complément d'objet direct

■ L'attribut désigne la même personne que le c.o.d. Il exprime la caractéristique du c.o.d.

Nous estimons ces travaux nécessaires.
Je trouve ce garçon insupportable.

■ Le c.o.d. est introduit par un verbe d'opinion : *appeler*, *nommer*, *proclamer*, *croire*, *couronner*, *estimer*, *juger*, *trouver*, *savoir*, etc.

Nous savons ce collaborateur honnête.

EXERCICE 1

Y a-t-il un attribut dans les phrases suivantes ? Si oui, dites s'il est attribut du sujet ou attribut du complément d'objet direct.

1. Vous avez l'air déconcerté par ma remarque. 2. Leur chien est gentil mais un peu envahissant. 3. Charles ne ressemble pas du tout à son frère jumeau. 4. Aline a été couronnée reine d'un jour. 5. Je trouve cet exercice difficile. 6. Elle est demeurée muette de surprise. 7. Nous l'avons jugé apte à tenir un registre. 8. Il se voyait déjà riche et comblé. 9. Cette idée nous semble originale. 10. Il a été nommé directeur de la production. 11. Nous trouvons ridicule ce genre de manifestation. 12. Thomas a l'air radieux. 13. Le succès l'a rendu insupportable.

EXERCICE 2

Y a-t-il un attribut dans toutes les phrases ? S'il y en a un, dites s'il est attribut du sujet ou attribut du complément d'objet direct.

1. Ils ont jugé l'affaire classée. 2. Ce magazine paraît toutes les semaines. 3. Mes parents demeurent rue des Lilas. 4. Il s'est rendu malade à force de crème. 5. Autour du sapin, les enfants se montrent leurs cadeaux. 6. Ce soir, elle se montre particulièrement aimable. 7. Pierre a trouvé sa mère bien fatiguée. 8. Il est tombé malade lundi dernier. 9. Il est tombé du toit. 10. Ils vivent heureux. 11. Je suis resté à Londres une semaine. 12. Il croyait que j'étais souffrant. 13. La directrice passe pour une femme sévère. 14. Nous sommes passés vous dire bonjour. 15. Cette histoire m'a tout l'air d'un mensonge.

Elle est très collet monté

Dans cette phrase *collet monté* est attribut du sujet *elle*.

Être collet monté, c'est être guindé, très à cheval sur les principes bourgeois. Cette expression date du début du XVIIe siècle, lorsque les femmes élégantes portaient de hauts cols empesés, montés sur armature de fer. À l'époque, ces cols dénotaient une certaine pruderie ; ils étaient trop fragiles, en effet, pour autoriser le moindre écart de conduite ! Dès le milieu du siècle, seules les grands-mères guindées portaient encore ce col passé de mode.

Le complément d'objet

Les enfants ont construit une cabane dans le jardin.
complément d'objet direct du verbe *construire*

La fidélité rapporte des points au client.
complément d'objet direct du verbe *rapporter* — complément d'objet indirect du verbe *rapporter*

Qu'appelle-t-on complément d'objet direct (COD) ?

□ C'est le complément qui indique l'objet de l'action exprimée par le verbe.
*Les visiteurs observent une **machine**.*
COD du verbe observer

Machine est l'objet de l'action qu'exprime le verbe observer.

□ Le complément d'objet direct peut être :
– un nom : *Elle n'aime pas le **champagne*** ;
– un groupe nominal : *Apporte-moi une **grande feuille blanche*** ;
– un pronom : *Apporte-**la** moi* ;
– une proposition : *Je me demande **si nous aurons notre train***.

□ Le complément d'objet direct est le plus souvent placé après le verbe :
*Prenez **trois comprimés** par jour.*

□ Le complément d'objet direct peut être placé avant le verbe :
– lorsque le COD est un pronom :
*Gardez mon **journal**, je **le** prendrai en passant ;*
COD du verbe garder — COD du verbe prendre

– lorsque la phrase est interrogative et que l'interrogation porte sur le COD :
*Quel **film** présenterez-vous au festival ?*
COD du verbe présenter

Qu'appelle-t-on complément d'objet indirect (COI) ?

□ Le complément d'objet indirect, comme le complément d'objet direct, indique l'objet de l'action exprimée par le verbe, mais sa construction est différente. Le complément d'objet indirect se rattache au verbe par une préposition.
*Le champion participera **aux Jeux Olympiques**.*

□ Le complément d'objet indirect peut être :
– un nom : *Vous changerez **de train** à Poitiers* ;
– un groupe nominal : *Ils ont veillé **à l'application de la loi***.

Qu'est-ce que le complément d'objet second (COS) ?

Le verbe indique l'action. Le complément d'objet direct indique l'objet de l'action.
Le complément d'objet second indique le destinataire de l'action.
*Nous avons préparé un buffet **pour nos invités**.*
COD — COS du verbe préparer

*La Direction a accordé une augmentation **au personnel**.*

REPÉRER LE COMPLÉMENT D'OBJET DANS LA PHRASE

■ Le complément d'objet direct

▪ Le COD répond à la question « qui est-ce que ? » ou « qu'est-ce que ? », avant le verbe.
Nous attendons un responsable.
Qui est-ce que nous attendons ? → un responsable (COD).

▪ Le COD se relie directement au verbe, sans préposition.
Ils ont accepté nos conditions.

▪ Le COD est indispensable à la compréhension de la phrase. Le supprimer est impossible.
Alexander Bell a inventé le téléphone.
« *Alexander Bell a inventé* » n'a aucun sens.

■ Le complément d'objet second

▪ Le COS accompagne toujours un complément d'objet direct.
Nous avons indiqué la route à vos amis.
COD COS

▪ Attention ! Le complément d'objet second est appelé complément d'attribution lorsqu'il dépend d'un verbe comme donner, offrir, apporter,...
Ils destinent cette maison à l'aîné.

■ Le complément d'objet indirect

▪ Le COI se place le plus souvent après le verbe.
Léa dîna d'une omelette et d'un fruit.

▪ Le COI est toujours relié au verbe par une préposition (à, de, pour, contre, en faveur de...).
Elle a contribué à notre réussite.

▪ Le COI est indispensable à la compréhension de la phrase. Le supprimer est impossible.
Cette montre a appartenu à mon père.
« *Cette montre a appartenu* » n'a aucun sens.

EXERCICE 1

Identifiez les compléments d'objet direct, les compléments d'objet indirect et les compléments d'objet second.

1. Quelle pièce joue-t-on à l'Athénée ? 2. On va bientôt mettre en service la voie express. 3. Il a préparé une note de synthèse à l'intention du personnel. 4. Laisse ce chien tranquille. Mais je veux qu'il m'obéisse ! 5. Bénéficiez d'une remise exceptionnelle en achetant ce lot de serviettes. 6. Tout le monde se passionne pour l'issue du procès.

EXERCICE 2

Identifiez tous les compléments d'objet et précisez leur nature : direct, indirect, second.

1. Je voudrais un pain aux raisins et une brioche. 2. Demande pardon à ta sœur. 3. Que veux-tu faire cet après-midi ? 4. Il cultive un petit jardin et prend soin de ses roses. 5. Commandez dès aujourd'hui votre article préféré avec une réduction de 15 %. 6. J'aime prendre mon temps pour choisir un livre.

EXERCICE 3

Transformez les titres suivants pour obtenir un c.o.d.

Exemple : Construction d'un boulevard périphérique → On construit un boulevard périphérique.

1. Transformation de l'essai par Bordeaux à la dernière minute. 2. Arrestation d'un dangereux malfaiteur par un commerçant. 3. Suppression du péage sur l'A13 à hauteur de Franconville. 4. Augmentation du prix du carburant en mars prochain par le gouvernement. 5. Détournement d'avion par un seul homme.

Le complément du nom L'apposition - L'épithète

Une boîte en plastique **(complément de nom).**
Rutilor, le nettoyage minute **(apposition).**
Des yeux bleus **(épithète).**

Qu'est-ce qu'un complément du nom ?

☐ Le complément du nom complète le nom, il en précise le sens. Par exemple :
*Une statue de **marbre*** (matière).
*Une peau de **jeune fille*** (comparaison).
*Une boîte à **outils*** (destination).
*La dentelle de **Calais*** (origine).
*Un sportif de **haut niveau*** (qualité).

☐ Le complément du nom peut être :
– un nom : *Une alliance en **or** ;*
– un pronom : *Rester maître de **soi** ;*
– un adverbe : *La maison d'**en face** ;*
– un groupe nominal : *Les rues de **la vieille ville**.*

☐ Le complément du nom est le plus souvent introduit par une préposition (en, de, à...). Mais il existe des compléments du nom sans préposition :
*Un pâté **maison*** (origine).
*Un lapin **angora*** (qualité).
*Une purée **mousseline*** (qualité).
*Un sac **seau*** (forme).

Qu'est-ce qu'une apposition ?

Un nom est dit « en apposition » lorsqu'il complète un autre nom et qu'il désigne le même être, ou le même objet, que ce nom.
*M. Michel Dupont, **horticulteur**.*
*La ville de **Paris**.*
*Le lion, **roi des animaux**.*
*La Beauce, **grenier de la France**.*
*Robin des Bois, **prince des voleurs**.*

Qu'est-ce qu'une épithète ?

Lorsque le mot qui complète et précise le nom est un adjectif qualificatif, on l'appelle épithète.
*Du vin **rouge**.*
*Un **beau** métier.*
***Scintillantes**, les étoiles trouaient la nuit.*

REPÉRER LE COMPLÉMENT DU NOM, L'APPOSITION ET L'ÉPITHÈTE

Repérer le complément du nom

▪ Observez sa place.

Le complément du nom est placé après le nom.

Une pince à linge.
Un tube de peinture.

▪ Observez sa construction.

Le complément du nom est le plus souvent introduit par une préposition : *à, de, pour, sans, au, en,* etc.

Un thé au lait.
Une poignée de main.
Le directeur du magasin.

▪ Il peut cependant être placé tout de suite après le nom.

Un thé citron.
Du veau Orloff.

Repérer l'apposition

Contrairement au complément du nom, le groupe nominal ou le nom en apposition représente la même chose que le nom qu'il complète.

Comparez :

La banlieue de Marseille.
(complément du nom).
La ville de Marseille (apposition).

Repérer l'épithète

C'est toujours un adjectif qualificatif ou un participe.

Il préfère le cidre breton.
Pour le salon, elle veut du parquet ciré.

EXERCICE 1

Dites si les compléments sont complément du nom, apposition ou épithète.

1. Une brosse à ongles. 2. Un chien fou. 3. La chambre de Blandine. 4. Une lampe-torche. 5. Un numéro de voltige. 6. Une cité-dortoir. 7. Une cuisine soignée. 8. Une nouvelle ahurissante. 9. Un enfant prodige. 10. Le mois de juillet. 11. Un café crème. 12. Une balle de tennis. 13. Un avion à réaction. 14. Une opération suicide. 15. Un cheval fougueux. 16. La cuisine bourgeoise. 17. Un amour de coccinelle. 18. De la pâte à papier. 19. Un homme de valeur. 20. De beaux draps. 21. La raison d'État. 22. La principauté de Monaco. 23. La peinture à l'huile. 24. De sottes gens. 25. Une colère bleue.

EXERCICE 2

Distinguez le complément du nom de l'apposition.

1. La principauté d'Andorre. 2. Le style Directoire. 3. Un seau à glace. 4. Le championnat de France. 5. Un tableau Renaissance. 6. Une lampe témoin. 7. La ville du Puy. 8. Du lait d'amande. 9. Le bois de Boulogne. 10. La bataille d'Austerlitz. 11. La place de la République. 12. Le vin d'Alsace. 13. La coupe d'Europe. 14. Le capitaine Fracasse. 15. La dentelle de Calais. 16. L'écrivain Albert Camus. 17. La rue d'Alésia. 18. Le roi Ubu. 19. L'Académie des Beaux-Arts. 20. L'opéra de Don Giovanni.

Vous êtes un cordon-bleu ?

Vous excellez dans l'art culinaire. Sous l'Ancien Régime, le Cordon bleu (*bleu* est épithète de *cordon*) était la plus illustre des décorations, celle des chevaliers du Saint-Esprit, ordre créé par Henri III pour regrouper les catholiques contre les protestants. Or, les Chevaliers du Cordon bleu se réunissaient en club de gourmets pour cultiver les plaisirs de la table, et la distinction est ainsi passée de ceux qui dégustaient les plats à ceux qui les préparent. *Être cordon-bleu* signifie que vous excellez dans l'art culinaire.

Les compléments circonstanciels

***Ce matin**, les journaux n'étaient pas arrivés **chez le libraire**.*

complément circonstanciel de temps — complément circonstanciel de lieu

Qu'appelle-t-on complément circonstanciel ?

Le complément circonstanciel donne une information sur les circonstances de l'action. Il permet de préciser :

le lieu : *Allez m'attendre **dans le jardin**.*
*Ici, tu tournes **à droite**.*
***Sur l'autoroute**, faites la pause.*

le temps : *J'irai te voir **lundi**.*
*Nous avons attendu **jusqu'au dernier moment**.*
***En mai**, fais ce qu'il te plaît.*

la manière : *Il faut lire la notice **avec attention**.*
*Entrez **sans faire de bruit**.*
*Ce n'est pas **en insistant** que vous obtiendrez quelque chose.*

le moyen : *Déglacez la poêle **avec du vin blanc**.*
*Exécutez ce dessin **à la gouache**.*
*Les sacs postaux sont acheminés **par avion**.*

le but : *Ils l'ont fait **exprès**.*
*Elle a accepté **pour lui faire plaisir**.*
*Il invente n'importe quoi **pour prouver qu'il a raison**.*

la cause : *Il a réussi **à force de volonté**.*
*J'ai été absent **pour raison de santé**.*
***Par suite d'encombrement**, votre appel ne peut aboutir.*

la conséquence : *Nous sommes assez intelligents **pour comprendre**.*
*Elle court **à perdre haleine**.*
*Il a joué **au risque de se ruiner**.*

l'opposition : *Ne buvez pas glacé **malgré la chaleur**.*
*Il roule très vite **en dépit du brouillard**.*
*Il a repris le travail **contre l'avis médical**.*

Quelle peut être la nature du complément circonstanciel ?

Un complément circonstanciel peut être :

– un adverbe : *Elle le remit **fermement** à sa place.*
– un infinitif : *Elle a dit cela **pour plaisanter**.*
– un gérondif : ***En arrivant**, n'oublie pas de téléphoner.*
– un groupe nominal :
*Je l'ai rencontré **à l'entrée de l'immeuble**.*
– une proposition subordonnée :
***Quand il arriva sur le quai**, le train partait.*

REPÉRER UN COMPLÉMENT CIRCONSTANCIEL

Repérer un complément circonstanciel

- Observez sa place.

On peut déplacer un complément circonstanciel.

Demain matin, je posterai cette lettre.
Je posterai cette lettre demain matin.
Sans émotion apparente, il raconta les événements.
Il raconta, sans émotion apparente, les événements.

- Observez sa construction.

On le construit le plus souvent à l'aide d'une préposition : *à, avec, à cause de, avant, sur, derrière, pendant, malgré, sauf,* etc.

Il est sorti malgré la tempête.
Faisons un tableau afin de ne pas faire d'erreur.

- On peut le supprimer.

Le complément circonstanciel donne une information supplémentaire mais il n'est pas indispensable à la compréhension de la phrase.

Il lit l'Équipe tous les jours.
Il lit l'Équipe.

Attention !

Certains compléments circonstanciels se construisent directement, sans préposition.

Nous avons travaillé toute la matinée.

EXERCICE 1

Repérez les compléments circonstanciels dans les phrases ci-dessous et précisez leur nature (temps, lieu, manière, etc.).

1. Chaque jour, le laitier livre le lait. 2. Je n'ai pas fermé l'œil à cause du bruit de la fête. 3. Cette histoire l'a fait rire aux larmes. 4. En raison de la grève, l'électricité sera coupée entre 8 heures et midi. 5. Je vais écrire à Pierre pour lui proposer de l'aider. 6. Il claqua violemment la porte derrière lui. 7. À force de lire tu vas t'abîmer les yeux. 8. Les randonneurs avançaient sac au dos et foulard au cou. 9. Sous l'effet du froid, les conduites ont éclaté. 10. Il a été appréhendé pour avoir détourné des fonds.

EXERCICE 2

Repérez les compléments circonstanciels et précisez leur nature.

1. Il a accepté avec empressement. 2. Cette peinture a séché en un clin d'œil. 3. Dimanche prochain, c'est promis, nous irons déjeuner sur l'herbe. 4. Elle a répondu du tac-au-tac. 5. Depuis que le boulevard est en sens unique, on roule mieux. 6. Répète-moi cela sans rire. 7. Ouvre le paquet avec une paire de ciseaux.

EXERCICE 3

Les compléments circonstanciels en italique expriment-ils la cause ou la conséquence ?

1. *Comme on avait déjeuné tard,* on soupa légèrement. 2. *Puisque tu n'as rien à te reprocher,* tu n'as rien à craindre. 3. Il est si charmant *que tout le monde l'aime.* 4. L'eau monta *au point qu'il fallut évacuer les maisons.* 5. Sa barbe gelait, *tellement il faisait froid.*

Dormir comme un sabot

Pourquoi un sabot ? Au XIIIe siècle, un sabot était une toupie. Or, lorsqu'une toupie est bien lancée, elle tourne si vite qu'elle semble immobile, elle émet même un petit ronflement. Donc dormir comme un sabot, c'est dormir en ronflant, d'un sommeil profond.

Les prépositions

Malgré des essais prometteurs, notre champion a échoué.
préposition simple introduisant un complément circonstanciel d'opposition

Ouvert de 9 heures à 18 heures.
prépositions simples introduisant un complément circonstanciel de temps

Qu'est - ce qu'une préposition ?

☐ La préposition est un mot invariable qui relie un mot à un autre mot, en marquant le rapport qui existe entre eux.
Posez ce dossier ***de*** *candidature* ***sur*** *le bureau* ***dans*** *l'entrée.*
Elle peut relier au mot complété :
– un nom : *J'utilise une calculatrice* ***à mémoire*** *;*
– un pronom : *C'est* ***à vous*** *que je m'adresse ;*
– un adjectif : *Quoi* ***de neuf*** ?
– un infinitif : *Un fer* ***à repasser***.
☐ Prépositions simples : *à, après, avant, avec, chez, contre, dans, de, depuis, derrière, dès, devant, en, en outre, envers, hormis, hors, pour, jusque, malgré, par, parmi, sans, sauf, selon, sous, sur, vers*, etc.
☐ Participes - prépositions : *attendu, excepté, y compris, concernant, durant, étant donné, moyennant, suivant*, etc.
☐ La locution prépositive a le même rôle que la préposition. Elle est formée de deux ou plusieurs mots (*à cause de, à côté de, afin de, au-dedans de, au lieu de, auprès de, faute de, hors de, jusqu'à, quant à*, etc.)

Les différents emplois des prépositions

☐ Les prépositions et locutions suivantes introduisent un complément circonstanciel de lieu : *à, chez, contre, dans, de, derrière, devant, en, entre, hors, autre, par, parmi, pour, sous, suivant, sur, vers, via, au-dessus de, autour de, hors de, loin de, près de, à travers, au-delà de, le long de*, etc.
Je vais ***chez le coiffeur****. Je ferai une pause* ***entre Paris et Bordeaux****.*
☐ Les prépositions et locutions suivantes introduisent un complément circonstanciel de temps : *à, après, avant, dans, de, depuis, dès, durant, en, entre, par, pendant, pour, sous, sur, vers, en attendant*, etc.
Elle l'a quitté ***depuis des années****. Il gagne 1 200 €* ***par mois****.*
☐ Les prépositions et locutions suivantes introduisent un complément circonstanciel de manière ou de moyen : *à, avec, contre, dans, de, en, ès (en les), moyennant, par, pour, sans, suivant, sur, à la manière de, à l'aide de, au moyen de*, etc.
Aller ***à cheval****.* *J'écoute* ***avec attention****.*
Docteur ***ès sciences****.* *Je le prends* ***par la main****.*
☐ Les prépositions et locutions suivantes introduisent un complément circonstanciel d'opposition : *avec, contre, malgré, en dépit de*, etc.
Avec tout son travail*, il n'a pas réussi.*
Il a réussi ***envers et contre tous****.*
Malgré mon intervention*, cela n'a pas fonctionné.*

COMMENT UTILISER LES PRÉPOSITIONS ?

■ *à* et *de*

■ Les verbes suivants se construisent avec la préposition *à* avant les infinitifs : *accoutumer, s'appliquer, s'apprêter, aspirer, autoriser, se borner, chercher, se complaire, consentir, se décider, exhorter, s'offrir, penser, renoncer, se résigner, se résoudre, se risquer*, etc.

■ Les verbes suivants se construisent avec la préposition *de* avant les infinitifs : *appréhender, s'aviser, brûler, se contenter, convaincre, convenir, décider, désespérer, dispenser, dissuader, empêcher, entreprendre, éviter, frémir, se garder, se hâter, manquer, se mêler, persuader, presser, rougir*, etc.

■ *prêt à* et *près de*

■ On dit *prêt à* dans le sens de : disposé à, résigné à.

Nous sommes prêts à vous recevoir.
Le cycliste est prêt à l'abandon.

■ On dit *près de* dans le sens de : sur le point de, environ, à côté.

Il est près d'abandonner. Ils sont près de cent à participer à cette course.

■ *au travers* et *à travers*

■ *Au travers* est toujours suivi de la préposition *de. Elle observe la rue au travers d'un rideau ajouré.*

■ *À travers* n'est suivi d'aucune préposition. *Il marchait à travers champs.*

EXERCICE 1

Choisissez entre *près* et *prêt*.

1. Le coureur est ... du but. 2. ... de l'arrivée, le journaliste est ... à l'accueillir. 3. Cela fait ... de trois jours que la pluie tombe. 4. Posez ce bouquet ... de la fenêtre. 5. ... de lui se trouvait son garde du corps ... à intervenir. 6. Ils sont ... de cinq millions à partir en vacances. 7. ... de vous le temps passe plus vite. 8. Il n'est pas ... à accepter sa défaite. 9. Il est ... à mentir pour réussir. 10. Cette maison est ... de la plage, elle vous plaira. 11. Inutile de l'attendre, il n'est pas ... d'arriver avec ces embouteillages. 12. Alors, les enfants, êtes-vous ... à entendre la fin de l'histoire ?

EXERCICE 2

Quelle préposition proposez-vous ?

1. Je m'inquiète, il est ... huit heures et Sylvain n'est pas rentré du collège. 2. Je préfère voyager ... train plutôt qu'... voiture, c'est plus sûr. 3. Ils ont déménagé ... l'année dernière. 4. ... vous, je vous en prie. 5. Ils ont fait le tour de la France ... vélo !

EXERCICE 3

Relevez les prépositions dans les phrases suivantes.

1. Il fait très chaud. C'est un après-midi en été, l'heure où l'on reste chez soi, derrière les volets de bois peint, bien clos. 2. Le train glissait dans un décor de forêts, de vallons, de rivières, exécutant un slalom entre les petits villages. 3. Nous démolissons pour agrandir le magasin. 4. Il avait raison de s'inquiéter. 5. Tu te souviens des huîtres que nous avons mangées en Bretagne ?

EXERCICE 4

À la place des points, trouvez la (ou les) préposition(s) possibles.

Proposition principale, proposition subordonnée

La fièvre était tombée ***quand le médecin sonna.***

proposition principale — proposition subordonnée

La proposition principale

C'est celle dont dépendent d'autres propositions. On dit aussi qu'elle régit les autres propositions.

Le contrat sera signé dès que nous aurons l'avis de la direction.

proposition principale

La proposition subordonnée

Elle s'ajoute à la proposition principale. Elle en complète le sens.

J'ignore ce qu'il envisage.

proposition subordonnée

Les différents types de proposition subordonnée et leur fonction

☐ La proposition subordonnée relative est introduite par un pronom relatif. Elle est complément du nom antécédent.

*C'est une voiture **qui** consomme peu.*

antécédent — proposition subordonnée relative, complément du nom antécédent

pronom relatif

☐ La proposition subordonnée conjonctive est introduite par la conjonction de subordination *que*. Elle est complément ou sujet du verbe de la principale, ou alors, attribut du sujet de la principale.

*Je vous assure **que** le feu était vert.*

verbe — proposition subordonnée conjonctive complément

***Que** la pluie cesse de tomber me ravirait.*

proposition subordonnée conjonctive sujet — verbe

*Mon plus cher désir est **que** vous retrouviez le sourire.*

sujet — proposition subordonnée conjonctive attribut du sujet

☐ La proposition subordonnée circonstancielle est introduite par une conjonction de subordination autre que *que*. Elle est complément du verbe de la principale.

*Le concert est annulé **parce que** le chanteur est aphone.*

verbe — proposition subordonnée circonstancielle, complément du verbe de la principale

locution conjonctive

☐ Il existe d'autres propositions subordonnées :

J'ai entendu le réveil sonner (proposition infinitive) ;

La peinture à peine séchée, ils emménagèrent (proposition participiale) ;

Je me demande pourquoi tu ris (proposition interrogative indirecte) ;

Il a pris deux mois de vacances, dont un à la mer (proposition relative substantivée).

LA CONSTRUCTION DE LA PROPOSITION SUBORDONNÉE

N'oubliez pas la virgule dans les cas suivants

- Dans le cas d'une proposition subordonnée relative détachée.

Ma voiture, qui était correctement garée, a été percutée par un automobiliste ivre.
Le monument, dont vous voyez une photographie dans ce livre, a été restauré l'an dernier.

- Dans le cas d'une proposition incise (proposition courte intercalée entre deux propositions).

Il ajouta, me semble-t-il, que le feu était vert.

- Dans le cas d'une proposition subordonnée placée en tête de phrase.

Quand le vin est tiré, il faut le boire.

Quelques erreurs à ne pas commettre

- Les erreurs d'accord.

Le verbe de la proposition relative s'accorde avec l'antécédent du pronom relatif sujet *qui*.
Ce sont des voitures qui consomment peu.
C 'est son frère qui les conduira.

- Les erreurs de construction.

– J'ai vu la robe de mariée de ma sœur qui est en dentelle.
L'antécédent de *qui* est *robe de mariée*, ce qui n'est pas clair dans cette phrase. Préférez deux propositions séparées par une virgule.
J'ai vu la robe de mariée de ma sœur, elle est en dentelle.
– Nous avons trouvé un chien pour mon père qui est noir et blanc.
Préférez un changement de place du complément.
Pour mon père, nous avons trouvé un chien noir et blanc.

EXERCICE 1

Dans le texte suivant, repérez les propositions principales et les propositions subordonnées.

« Le lendemain même de son incarcération, les gardiens découvrirent avec stupeur que le prisonnier avait planté un clou dans le mur de sa cellule et qu'il y avait accroché une montre en or appartenant au directeur de la prison. Il ne put ou ne voulut révéler comment cet objet était entré en sa possession. »

Marcel Aymé, *Le Passe-Muraille*.

EXERCICE 2

Transformez chacun des couples de phrases suivants en une phrase comportant une proposition subordonnée introduite par *que*.

Exemple : Le chômage risque de s'accroître. Les organismes économiques l'affirment. → Les organismes économiques affirment que le chômage risque de s'accroître.

1. On vient de nous avertir : tous les vols sont retardés de deux heures. 2. Je l'ai bien remarqué : vous n'êtes plus aussi élégant depuis quelques semaines. 3. Il range, dans une armoire blindée, les dossiers secrets : il les a classés par couleur.

EXERCICE 3

De deux phrases, n'en faites qu'une, à l'aide des pronoms relatifs *qui, que, où*.

1. Ma montre m'a été rapportée par un jeune garçon. Je ne l'ai pas revu. 2. Cette histoire m'a fait rire. Je ne l'avais jamais entendue. 3. Cette montagne culmine à 1 200 m. Un relais de télévision y est installé.

L'expression de l'interrogation

Comment fonctionne cet appareil ?

mot interrogatif — inversion du verbe et du sujet — point d'interrogation

Interrogation directe – Interrogation indirecte

□ L'interrogation est dite directe quand la proposition interrogative est indépendante. À l'écrit, elle se termine par un point d'interrogation.

Est-ce que la fuite est réparée ?

proposition indépendante — point d'interrogation

□ L'interrogation est dite indirecte quand la proposition exprimant l'interrogation est subordonnée à une proposition principale.

Dites-moi combien coûte ce tissu.

proposition principale — proposition subordonnée

Comment construire une interrogation directe ?

□ En plaçant, en tête de phrase, le verbe puis le sujet, dans le cas où celui-ci est un pronom personnel.

Prendrez-vous le train de 8 heures ou le suivant ?

verbe — pronom personnel sujet — trait d'union — point d'interrogation

□ En plaçant, en tête de phrase, la locution *est-ce que*.

Est-ce que vous étiez au courant de la situation ?

□ En faisant suivre l'auxiliaire ou le verbe d'un pronom personnel de même nature que le sujet.

Ces voitures sont-elles bien garées ?

sujet — auxiliaire — pronom — point d'interrogation

Cet enfant prend-il le train lui aussi ?

sujet — verbe — pronom

□ En ajoutant seulement un point d'interrogation.

Vous téléphonez maintenant ou plus tard ?

□ En faisant une phrase sans verbe.

Intéressant ce livre, non ? Un coup de main ?

□ En plaçant, en tête de phrase, un mot interrogatif puis le sujet ou le verbe.

Quelles sont les raisons qui vous animent ? Comment ta mère supporte-t-elle la nouvelle ?

Comment construire une interrogation indirecte ?

□ Avec, dans la proposition principale, des verbes comme *demander, se demander, dire, ignorer, s'informer, raconter*... et en les faisant suivre d'un mot interrogatif.

□ À l'écrit, la phrase se termine par un point.

Racontez-nous comment vous êtes parvenu à vous délivrer.

proposition subordonnée interrogative indirecte

LE TRAIT D'UNION DANS LA FORME INTERROGATIVE

■ N'oubliez pas le trait d'union entre le verbe et le pronom personnel (ou *ce*, *on*) sujet.
Allez-vous à ce concert ?
Était-ce hier qu'il a appelé ?
Sort-on le bateau ?
■ N'oubliez pas le trait d'union avant et après le *t* intercalé à la 3e personne du singulier entre le verbe et le sujet *il, elle, on*.
Y a-t-il du café ?
Va-t-elle réussir ?
Parle-t-on de ce sujet aujourd'hui ?

EXERCICE 1

Refaites les phrases suivantes en les mettant aux deux formes interrogatives : avec l'inversion du sujet puis avec la locution *est-ce que*.
Exemple : Tu viendras chez moi.
Viendras-tu chez moi ?
Est-ce que tu viendras chez moi ?
1. Elle prendra deux comprimés par jour. 2. Ils partiront la semaine prochaine. 3. Il y a un pilote dans l'avion. 4. Nous avons réussi cet examen. 5. Il ne rit jamais. 6. Il se rend une fois par semaine à Paris. 7. C'est hier qu'il est parti. 8. Elle va parler. 9. C'était l'année dernière à Vienne. 10. On évoque une démission rapide.

EXERCICE 2

Récrivez les phrases suivantes en les mettant à la forme interrogative, en gardant le sujet et en ajoutant un pronom.
1. Les téléspectateurs ont été heureux de le revoir. 2. Ton frère joue mieux que moi. 3. Le facteur est parti à midi. 4. Cette tarte sera cuite dans une heure. 5. Le premier témoin a été interrogé. 6. La neige s'est mise à tomber. 7. Le premier appel a été lancé comme prévu. 8. Le chat se plaît bien ici. 9. Le soleil brille pour tout le monde. 10. Le cirque est enfin arrivé.

EXERCICE 3

Complétez les phrases suivantes par le mot interrogatif correct choisi dans la liste suivante : *quel, lequel, auquel, duquel, quelle, laquelle, à laquelle, de laquelle, quels, lesquels, auxquels, desquels, quelles, lesquelles, auxquelles, desquelles, qui, que, quoi*.
1. ... heure est-il ? 2. Trois élèves sont arrivés en retard, ... ? 3. Tu me regardes et tu ne dis rien. À ... ou à ... penses-tu ? 4. ... émissions préférez-vous ? 5. Ce sont deux jumelles, ... s'appelle Marie ? 6. ... serais-tu amoureux ?

EXERCICE 4

Transformez chaque question en phrase interrogative directe.
1. On ne sait pas comment il a pu s'enfuir. 2. Je m'informe si ce numéro est le bon. 3. J'ignore ce que vous avez prévu. 4. Dites-moi si vous viendrez. 5. Il ne savait pas d'où venait ce chien.

EXERCICE 5

Transformez chaque question en phrase interrogative indirecte.
1. Voulez-vous du pain coupé ou non coupé ? 2. Est-ce que vous serez là ? 3. Ce train part-il à 8 heures précises ou pas ? 4. Combien de temps durera l'épreuve ? 5. Êtes-vous certain de l'avoir reconnu ?

ORTHOGRAPHE
LE GROUPE NOMINALE
LE GROUPE VERBALE
LES FONCTIONS
LA PHRASE
CONJUGAISON

L'expression de la négation

Je n'aime guère les reportages et pas du tout les enquêtes.
négation partielle (n'… guère) — négation totale (pas du tout)

Négation totale – Négation partielle

☐ La négation est dite totale quand elle est l'expression d'un refus catégorique, d'une impossibilité, d'un cas qui ne s'est jamais produit.
*Je **ne** mangerai **rien** avant demain.*
*Je **ne** suis **jamais** allé à l'étranger.*
☐ La négation est dite partielle quand elle est l'expression d'une opinion nuancée, d'un cas se produisant de temps en temps.
*Ce chapeau-là **ne** lui va **pas tellement**. Ils **n'**aiment **guère** les changements.*

Comment construire une négation ?

☐ Avec une locution adverbiale *ne … pas, ne … jamais, ne … rien, ne … pas du tout, ne … plus, ne … pas tellement, ne … guère, ne … pas trop, ne … point, ne … aucunement, ne … nullement, ne … que, ne … pas très …*, etc.
– La locution encadre le verbe à un temps simple.
*L'orchestre **ne** joua **jamais** cet air-là.*
passé simple

– La locution encadre l'auxiliaire à un temps composé.
*Il **n'**a **pas du tout** précisé l'origine de cette information.*
passé composé

– La locution se place avant le verbe dans une proposition infinitive.
*Le policier avoue **ne rien** comprendre à ce crime.*
proposition infinitive

☐ Avec un préfixe négatif ajouté à un adjectif : dis-, il-, im-, in-.
tendu → ***distendu***
semblable → ***dissemblable***
lisible → ***illisible***
légal → ***illégal***
mortel → ***immortel***
possible → ***impossible***
soluble → ***insoluble***
capable → ***incapable***
☐ Avec *non* placé devant un nom, un participe passé ou un adjectif.
intervention → *la **non**-intervention*
engagé → *un pays **non** engagé*
interventionniste → *une clause **non** interventionniste*

LA NÉGATION ET L'ORTHOGRAPHE

■ Avec *on* n'oubliez pas une partie de la négation

N'écrivez pas : *On est pas prévenu*, mais : *On n'est pas prévenu.*
N'écrivez pas : *On est guère au courant*, mais : *On n'est guère au courant.*

■ L'emploi de *ne*

La négation *ne* s'emploie :
- avec *aucun, nul, personne, rien.*
Aucun ne parlera.
Nul n'est venu.
Personne ne répond.
Rien de grave ne s'est produit.
- avec la double négation *ni* ... *ni* ...
Le prix n'inclut ni le transport ni l'installation.
- avec les verbes *avoir de cesse, avoir cure, avoir garde, avoir que faire de, dire mot.*
Il ne dit mot.
Il n'a de cesse de réussir.
Je n'en ai cure.
Il n'a que faire de vos avis.

■ L'emploi du trait d'union avec *non*

▪ Placé devant un nom, *non* est suivi d'un trait d'union.
La non-ingérence, la non-appartenance.
▪ Placé devant un adjectif ou un mot invariable, *non* n'est pas suivi d'un trait d'union.
Un traité non dissuasif, un passage non protégé, non sans raison.

EXERCICE 1

Transformez les phrases suivantes de manière à exprimer la négation de différentes manières.
Se pencher par la fenêtre.
Jouer avec les serrures.
Traverser au feu vert.
Jeter des bouteilles sur la voie.
Le chat aime l'eau.

EXERCICE 2

Mettez les phrases à la forme négative en choisissant entre les locutions négatives suivantes.
Ne pas ... encore, ne ... guère, ne ... plus, ne ... jamais, ne ... pas, ne ... plus jamais, ne ... pas souvent.
1. Le facteur est déjà passé. 2. Il reste quelquefois. 3. J'ai un peu de patience. 4. Il est toujours absent. 5. Il y a encore un peu d'espoir. 6. Il fera peut-être beau. 7. Il y a toujours de l'espoir. 8. Je désire le rencontrer.

EXERCICE 3

Trouvez les adjectifs qui correspondent aux définitions suivantes.
1. Qu'on ne peut prévoir. 2. Qu'on ne peut défendre. 3. Qu'on ne peut lire. 4. Qu'on ne peut voir. 5. Qu'on ne peut remplacer. 6. Qui ne peut mourir. 7. Qui ne peut être reçu. 8. Qui ne peut être mangé. 9. Qui n'est pas responsable.

EXERCICE 4

Passez de la phrase affirmative à la phrase négative en faisant attention à l'emploi de *on*.
1. On a le temps de jouer. 2. On a déjà vu ça. 3. On a encore une minute à perdre. 4. On entend du bruit dehors. 5. On a toujours besoin des autres. 6. On hésite à prendre des risques. 7. On a vu passer une voiture. 8. On a du pain à la maison.

EXERCICE 5

Transformez les affirmations suivantes en négations.
1. Ce tableau est achevé. 2. Votre revendication est légitime. 3. La récompense est méritée. 4. Le mur est joint. 5. Ce commerce est licite. 6. Ce bien est aliénable. 7. L'équipe est qualifiée.

L'expression de l'ordre

***Ralentis** et **regarde** ce qui se trouve à gauche !*

- Ralentis : impératif du verbe *ralentir*
- regarde : impératif du verbe *regarder*
- ! : point d'exclamation

L'expression de l'ordre

L'ordre peut exprimer des nuances différentes suivant la situation :
– il peut être impératif et sans discussion possible.
Venez immédiatement !
Ne marchez pas sur les pelouses !
– il peut être atténué, exprimer un souhait, un conseil, une marche à suivre.
Faites-moi confiance !
Monter 36 mailles en côtes simples.

La construction de la phrase impérative

La phrase impérative se construit avec un verbe, un nom, un nom et un adjectif ou un adverbe.

Moyens		**Exemples**
Un verbe	à l'impératif placé en tête de phrase	***Dépêche**-toi ! Nous allons rater le début du film.* ***Appelez** ce numéro pendant que je vérifie son pouls !* La phrase ainsi formée s'achève, le plus souvent, par un point d'exclamation.
	au futur de l'indicatif	*Vous répondrez plus tard.*
	à l'infinitif	*Sonner et entrer.* *Ralentir.*
	au subjonctif	*Qu'elle ne **sorte** pas, nous désirons la remercier.*
Un nom		***Défense** de danser. Silence !* ***Interdiction** de marcher sur les pelouses.*
Un nom et un adjectif		*Montée interdite. Sortie obligatoire.* (Montée : nom ; interdite : adjectif ; Sortie : nom ; obligatoire : adjectif)
Un adverbe		***Doucement**, c'est fragile.* ***Vite** ! Il n'y a plus une minute à perdre.* *– Où voulez-vous que j'installe le lit ?* *– **Ici** !* *– Puis-je m'absenter demain ?* *– **Non** !*

QUELLE ORTHOGRAPHE CHOISIR ?

■ Le trait d'union dans la phrase impérative

Il ne faut pas oublier le trait d'union entre le verbe et le pronom immédiatement placé derrière lui.
Donne-lui.
Prends-le très vite avant qu'il ne tombe.
Mets-toi là.
Laisse-la venir.

■ N'oubliez pas le *s* !

■ À l'impératif présent, tous les verbes des 2e et 3e groupes prennent un *s* à la 2e personne du singulier.
Vois ce cadeau.
Prends ce paquet.
Mets le couvert.
Écris cette lettre.
Sauf *aller : va-t'en !*

■ À l'impératif présent, aucun verbe du 1er groupe ne prend de *s* à la 2e personne du singulier.
Garde ce ticket.
Envoie cette lettre.
Promène le chien.
Apporte ce message.

■ Mais, s'ils sont suivis de *en* ou *y*, ils prennent un *s* pour faciliter la prononciation par une liaison.
Gardes-en quelques-uns pour la route.
Penses-y quelquefois.

■ Attention à l'ordre des pronoms personnels !

■ Quand la phrase impérative ne comporte pas de négation :
– le pronom personnel complément d'objet se place après le verbe :
Accompagne-moi.
– le pronom personnel complément d'objet direct se place avant le complément d'objet second :
Passe-le-moi.

■ Quand la phrase impérative comporte une négation :
– le pronom personnel complément d'objet se place avant le verbe :
Ne m'accompagne pas.
– le pronom personnel d'objet second se place avant le complément d'objet direct :
Ne me le passe pas.
– Sauf pour *lui* et *leur* :
Ne le lui donne pas.
Ne le leur donne pas.

EXERCICE 1

Transformez les phrases suivantes en phrases impératives avec un verbe à l'impératif.
1. Il est interdit de se pencher au dehors. 2. Barrer la mention inutile. 3. Vous ferez cuire le riz à feu doux. 4. Stationnement interdit. 5. Laver les tomates, ne pas les peler. 6. Il ne faut pas déranger. 7. Penser à écrire en lettres capitales. 8. Prendre la deuxième rue à gauche. 9. Aller droit devant.

EXERCICE 2

Transformez les phrases suivantes en phrases négatives impératives.
1. Écoute-la. 2. Obéissez-leur. 3. Donne-le-nous. 4. Dites-le-lui. 5. Achètes-en. 6. Achète-le. 7. Appelle-le. 8. Prête-le-lui.

EXERCICE 3

À partir des infinitifs donnés, exprimez le même ordre de trois manières différentes.
Exemple : 1. Qu'ils partent. 2. Faites-les partir. 3. Partez !
S'asseoir – le refaire – danser – revenir – se sauver – ramer.

L'expression du temps

Exercez-vous jusqu'à ce que vous maîtrisiez bien vos gestes.
conjonction de subordination (jusqu'à ce que) — verbe au subjonctif présent (maîtrisiez)

Écrivez-lui tout de suite.
locution adverbiale exprimant le présent (tout de suite)

Pourquoi exprimer le temps ?

Pour dater une action exprimée dans la phrase, pour situer les actions les unes par rapport aux autres. *Il a payé son loyer* ***hier***.
l'action — la date

Comment exprimer le temps ?

☐ Avec les temps de conjugaison. *L'orage est terminé, les randonneurs* ***repartent***.
☐ Avec un adverbe de temps ou une locution adverbiale exprimant :

le passé	*autrefois, jadis, naguère, avant-hier, hier,* etc.
le présent	*d'abord, actuellement, aujourd'hui, sur-le-champ, illico, immédiatement, maintenant, à présent, tout de suite, aussitôt,* etc.
le futur	*demain, ensuite, après-demain, postérieurement,* etc.
la fréquence	*jamais, de nouveau, parfois, quelquefois, toujours, souvent,* etc.

☐ Autres moyens d'exprimer le temps.

Moyens		**Exemples**
Une conjonction de subordination	dès que, après que, quand, lorsque, avant que, jusqu'à ce que, pendant que, en même temps que, etc.	*Il s'est mis à pleurer* ***lorsque vous êtes parti***. ***En attendant que le film commence***, *allez chercher de quoi boire.* C'est la proposition subordonnée qui exprime le temps.
Un participe passé		*Le dernier train* ***passé***, *la gare ferme.*
Un gérondif précédé de tout	-ant	***Tout en mangeant***, *il lit le journal.*
Un groupe prépositionnel	par…, à…, en…, etc.	***Par temps de neige***, *mettez vos chaînes.*
Une juxtaposition	la ponctuation (, ; . :)	*J'ouvre les volets, le soleil entre dans la chambre*
Une coordination	-et-	*Je ferme l'enveloppe* ***et*** *y colle un timbre.*
Le vocabulaire	l'expression *il y a*	*Il est né* ***il y a*** *vingt ans.*
	des adjectifs	*Au siècle* ***dernier***. *La semaine* ***prochaine***.
	des noms ou des groupes nominaux	*Seconde, minute, heure, dans dix minutes, de bonne heure, dans cent ans,* etc.
Une date		*Le 8 mai 1945.*

L'EXPRESSION DU TEMPS ET LE MODE DU VERBE

■ L'emploi du subjonctif

■ On emploie le subjonctif après les conjonctions de subordination *en attendant que, avant que, jusqu'à ce que.*
En attendant que vous écriviez, nous commencerons les travaux.
■ On emploie l'indicatif après les autres conjonctions de subordination.
Je partirai après que j'aurai fini.

■ L'emploi de *ne* avec *avant que*

L'emploi de *ne* avec *avant que* est facultatif.
Partez avant qu'il soit trop tard.
Partez avant qu'il ne soit trop tard.

■ Faut-il écrire *quand, quant* ou *qu'en* ?

■ On écrit *quand* lorsqu'on peut le remplacer par *le moment où* ou *au moment où.*
Elle ne précise pas quand elle peut venir.
Elle ne précise pas le moment où elle peut venir.
■ On écrit *quant* lorsqu'on peut le remplacer par *en ce qui concerne.*
Quant à moi, je ne peux envisager une autre solution.
En ce qui me concerne, je ne peux envisager une autre solution.
■ On écrit *qu'en* lorsqu'on peut le remplacer par *que ... de cela.*
Qu'en pensez-vous ?
Que pensez-vous de cela ?

EXERCICE 1

Mettez le verbe au mode qui convient, indicatif ou subjonctif. Au besoin, aidez-vous de tableaux de conjugaison à la fin du livre.

1. Rappelez ce numéro jusqu'à ce que vous (obtenir) une réponse. 2. Je venais de raccrocher quand cette personne (entrer). 3. Le match allait se terminer quand les projecteurs (s'éteindre). 4. L'enfant dessine en attendant que sa mère (revenir). 5. L'enfant se baigne lorsque ses parents le lui (permettre). 6. Le magasin vous remboursera dès que vous (prouver) votre bonne foi. 7. Il faut que vous (partir) dès demain. 8. En attendant que vous (revenir), nous commencerons les travaux, mais pensez qu'il vous (falloir) prévoir la suite, afin qu'il n'y (avoir) pas de retard.

EXERCICE 2

Choisissez entre *quand*, *quant* ou *qu'en*.

1. ... au temps qu'il fera, peu importe ! 2. ... concluez-vous ? 3. ... je vis qu'au-dehors il pleuvait, je pris mon parapluie. 4. J'ignore ... le soleil reviendra. 5. Il fait un temps épouvantable, ... dites-vous ? 6. ... à votre plan, nous allons y réfléchir. 7. Vous partez ? ... à moi, je reste. 8. Méfiez-vous du ... dira-t-on.

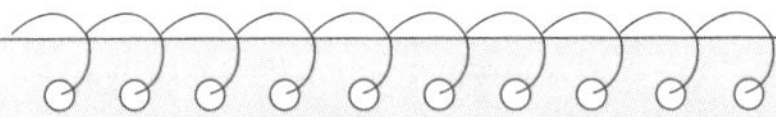

15 octobre 1582, la France abandonne le calendrier romain

Le calendrier grégorien : c'est celui que nous utilisons depuis octobre 1582, après une décision du pape Grégoire XIII. Le décompte des années se fait à partir de l'année de naissance du Christ.
Le calendrier musulman : le décompte des années se fait à partir de l'an I de l'Hégire (le 16 juillet 622 après J.-C.).
Le calendrier israélite : le décompte se fait à partir de la date présumée de la Création (en 3761 avant J.-C.).
Le calendrier chinois : le décompte se fait à partir de la date de la création du Monde calculée par le philosophe Confucius (en 2098 avant J.-C.)

L'expression de la cause

Aidez-moi puisque vous êtes là.

proposition principale (*Aidez-moi*) — proposition subordonnée exprimant la cause, introduite par la conjonction de subordination *puisque* (*puisque vous êtes là*)

Pourquoi exprimer la cause ?

Pour exposer la raison pour laquelle un événement ou une action a lieu.
Par crainte des réactions du public*, le procès s'est déroulé à huis clos.*

Comment exprimer la cause ?

Moyens		Exemples
Un verbe	entraîner, susciter, empêcher, etc.	***La hausse des prix*** *suscite de profonds mécontentements.* C'est le groupe nominal sujet qui exprime la cause.
Une locution adverbiale	en effet	*Je ne l'ai pas reconnu :* ***en effet, il a beaucoup vieilli.*** C'est la proposition qui suit *en effet* qui exprime la cause.
Un participe passé		***Souhaitée*** *par la ville, la route sera vite construite.* C'est le participe passé, apposé au sujet, qui a une valeur circonstancielle de cause.
Une conjonction de coordination	car, ou… ou	*L'antenne de télévision s'est détachée* ***car il y avait du vent****.* C'est la proposition qui suit la conjonction qui exprime la cause.
Une préposition ou ou une locution prépositive	à cause de, en raison de, pour, par crainte de, par peur de, par, etc.	*Le magasin sera fermé lundi* ***pour cause d'inventaire****.* C'est le groupe de mots qui suit la préposition qui exprime la cause.
Une conjonction de subordination	parce que, puisque, sous prétexte que, soit que… soit que, comme, du moment que, du moment où, maintenant que, non que, etc.	*Il arrive en retard* ***parce qu'il s'est trompé de chemin****.* *Il doit porter des lunettes* ***puisque sa vue est si mauvaise****.* *Il repart* ***sous prétexte que vous l'avez mal accueilli****.* *Il se tait* ***soit qu'il ne sache rien, soit qu'il couvre quelqu'un****.* C'est la proposition subordonnée qui exprime la cause.

L'EXPRESSION DE LA CAUSE ET LE MODE DU VERBE

L'emploi de l'indicatif

Le mode de la proposition exprimant la cause est l'indicatif.
Il ne faut pas hésiter à conclure ce marché puisque l'offre est si intéressante.

L'emploi de l'indicatif ou du conditionnel

Suivant le sens (cause certaine ou incertaine), les conjonctions de subordination *parce que, sous prétexte que, du moment que* précèdent un verbe à l'indicatif ou au conditionnel.
Il a été arrêté parce qu'il a brûlé un feu rouge (le fait est certain).
Ils ne sont pas venus sous prétexte que vous ne les auriez pas bien reçus (supposition).

L'emploi du subjonctif

On emploie le subjonctif avec la conjonction de subordination *soit que... soit que* lorsqu'elle présente une alternative entre deux faits possibles.
Soit que le virage ait été mal signalé, soit qu'il ait été distrait, ...

EXERCICE 1

Dans les phrases suivantes, repérez l'expression de la cause.
1. Le bruit empêche d'entendre la sonnerie. 2. Du moment qu'il voit suffisamment, il n'a pas besoin de lunettes. 3. Approuvée à l'unanimité, la résolution est retenue.

EXERCICE 2

Reliez les deux phrases simples pour en faire une phrase complexe exprimant la cause (une proposition principale et une proposition subordonnée).
1. Le match est annulé. On annonce du mauvais temps. 2. La cantine sera fermée. Le personnel de cuisine est en grève. 3. La concurrence est acharnée. L'entreprise doit diversifier sa production.

EXERCICE 3

Remplacez les groupes nominaux complément circonstanciel de cause par des propositions subordonnées conjonctives ayant le même sens et la même fonction.
1. Il marchait lentement à cause de sa claudication. 2. Et le combat cessa, faute de combattants. 3. Émilie fut élue reine des standardistes en raison de la douceur de sa voix. 4. Par peur des cambrioleurs, ils ne partent plus en vacances.

EXERCICE 4

Remplacez les phrases complexes (propositions principale et subordonnée) exprimant la cause par des groupes nominaux circonstanciels de même sens et de même fonction.
1. Il lui pardonne tout, soit qu'il est amoureux soit qu'il est lâche. 2. L'accident a eu lieu parce que la chaussée était glissante. 3. Comme les vacances sont proches, faites un peu plus de sport.

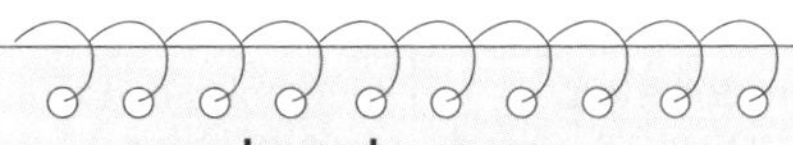

Le verbe causer

À l'origine le verbe signifiait faire un procès. Cette utilisation du verbe causer a maintenant disparu.
On dit *plaider sa cause, défendre sa cause*, c'est-à-dire parler. *Causer* a donc pris un sens plus familier ; *causer*, c'est bavarder et non plus plaider. *Faire la causette*, c'est parler des toutes petites causes, des affaires sans importance.

L'expression de la conséquence

Les trottoirs ont été élargis de sorte que nous circulons mieux.
proposition subordonnée exprimant la conséquence, introduite par une conjonction de subordination

Pourquoi exprimer la conséquence ?

Pour exposer le résultat d'une action ou d'un événement.

Il a marqué un but. ***C'est pourquoi son équipe le félicite.***
l'action — le résultat de l'action = sa conséquence

Comment exprimer la conséquence ?

Moyens		Exemples
Un verbe	découler, résulter, venir, etc.	***La hausse du prix de l'essence*** *résulte de celle du dollar.* C'est le groupe nominal sujet qui exprime la conséquence.
	causer, produire, entraîner, etc.	*La secousse sismique a provoqué* ***d'importants dégâts.*** C'est le complément d'objet direct qui exprime la conséquence.
Une conjonction de coordination	donc	*Je rêve* ***donc je suis.*** C'est la proposition qui suit la conjonction qui exprime la conséquence.
Une juxtaposition	la ponctuation (, ; . :)	*Il pleut,* ***je reste à l'abri.*** l'événement sa conséquence
Une expression	ainsi, c'est pourquoi, par conséquent, aussi, dès lors, etc.	*Il a bousculé son adversaire,* l'action, ***c'est pourquoi il est exclu du jeu.*** sa conséquence
Une locution prépositive	trop pour, de façon à, de manière à, au point de, assez pour, trop peu pour, etc.	*Il vous connaît* ***assez pour intervenir en votre faveur.*** C'est la proposition infinitive qui suit la locution qui exprime la conséquence.
Une conjonction de subordination	de sorte que, de manière que, de façon que, de telle sorte que, de telle manière que, de telle façon que, en sorte que, tant que, si bien que, etc.	*Ils sont arrivés trop tôt,* ***de sorte que je n'ai pas pu tout préparer.*** C'est la proposition subordonnée qui exprime la conséquence.

L'EXPRESSION DE LA CONSÉQUENCE ET LE MODE DU VERBE

L'emploi de l'indicatif

On emploie l'indicatif quand la conséquence est présentée comme un fait réel.

Il va très vite de sorte que nous ne pouvons le suivre.

Il fait tellement beau que la moisson est déjà faite.

Il insista tellement qu'il finit par avoir gain de cause.

L'emploi du subjonctif

▪ On emploie le subjonctif avec *assez pour que, de façon que, de manière que, suffisamment pour que, trop pour que, trop peu pour que.*

Il fait suffisamment froid pour que nous rallumions le chauffage.

Placez-vous près de moi de manière que je puisse vous parler pendant la conférence.

Il fait assez clair pour qu'on aperçoive le château.

C'est trop peu pour que nous désirions revenir.

▪ On emploie le subjonctif quand la conséquence est présentée comme souhaitée.

Il est trop tard pour qu'il puisse réussir.

C'est assez pour qu'il se souvienne.

Y a-t-il quelqu'un à qui je puisse me confier ?

EXERCICE 1

Dans les phrases suivantes, repérez l'expression de la conséquence.

1. L'attente est si longue qu'il s'impatiente. 2. L'accident de train résulte d'une erreur d'aiguillage. 3. Le brouillard a entraîné un retard dans les décollages. 4. Il a assez attendu pour qu'on le reçoive. 5. Dès lors la séance peut commencer, tous les spectateurs sont là.

EXERCICE 2

Complétez les phrases suivantes en utilisant un mot suggérant à chaque fois une idée de conséquence.

1. À 50 km de Paris nous avons eu une crevaison : ... nous arrivons en retard. 2. Pierre ne comprend pas l'italien. Il n'a ... pu saisir vos paroles et ... il ne peut vous répondre. 3. La météo annonce du mauvais temps ... il est interdit d'aller en mer. 4. Votre attitude ... une grande surprise dans le public.

EXERCICE 3

Complétez les phrases suivantes en utilisant un mot suggérant à chaque fois une idée de conséquence.

1. Mes voisins sont bruyants, ... je ne peux pas m'endormir. 2. L'impossibilité de décoller ... de l'épaisseur du brouillard. 3. Le chien est épuisé ... il reste inerte. 4. La crise économique ... un développement du chômage.

Noël au balcon, Pâques aux tisons

Fait-il beau en décembre ? Ce proverbe rappelle qu'il risque de faire froid à Pâques. Fondé sur une observation du quotidien, le proverbe contient, en général, une idée de conséquence.

Sur la météorologie : *Il pleut à la Saint-Médard, il pleuvra quarante jours plus tard.*

Sur le caractère : *Qui a bu boira.* (Quelqu'un qui a commis une erreur ne peut que recommencer.)

Qui rit vendredi, dimanche pleurera. (Il ne faut pas se fier aux apparences, un malheur est vite arrivé.)

Sur les événements : *Qui veut voyager loin ménage sa monture.*

Tant va la cruche à l'eau, qu'à la fin elle se brise. (Il ne faut pas forcer la chance, un jour elle peut nous quitter.)

L'expression de la condition ou de l'hypothèse

***Si vous venez**, prenez un taxi **en cas de retard**.*

la condition (*Si vous venez*) — l'hypothèse (*en cas de retard*)

Pourquoi exprimer la condition ou l'hypothèse ?

☐ L'expression de la condition ou de l'hypothèse s'utilise pour envisager l'événement qui permettrait, ou aurait permis, à une action de se réaliser.

☐ La condition et l'hypothèse s'expriment :

– au présent : ***S'il fait beau**, nous sortirons et nous irons au bois.*
(fait : présent de l'indicatif)

– au passé : ***À supposer qu'il ait fait beau**, nous serions sortis.*
(ait fait : passé du subjonctif)

Comment exprimer la condition ou l'hypothèse ?

Moyens		Exemples
Un nom précédé d'une préposition	sans, en cas de, etc.	***En cas de désaccord**, les tribunaux décideront.* ***Sans carte de presse**, on ne passe pas.*
Un participe passé	-é	***Bien gérée**, votre affaire vaut de l'or.*
Un gérondif	-ant	***En s'exerçant**, la difficulté paraît moindre.*
Un groupe infinitif précédé d'une préposition	à condition de, à moins de, sans, sauf à, dans l'hypothèse de, etc.	***À moins d'être fou**, on doit accepter l'offre.* ***À l'entendre**, il n'est aucunement responsable.*
Une conjonction de subordination	si, au cas où, quand bien même, soit que, à supposer que, dans la mesure où, à condition que, à moins que, si ce n'est que, sinon que, selon que, pour peu que, etc .	***S'il neige**, nous serons bloqués à la maison.* la condition *Ne vous découragez pas **quand même il refuserait**.* l'hypothèse C'est la proposition subordonnée qui exprime la condition ou l'hypothèse.
Une proposition interrogative		***Voulez-vous réussir ?** Travaillez sans relâche.*
Une proposition à l'impératif		***Prête-moi un pinceau**, je vais t'aider.*
Une proposition au conditionnel		***On m'offrirait le repas**, je ne dînerais pas dans ce restaurant.*

L'EXPRESSION DE LA CONDITION ET LE MODE DU VERBE

■ L'emploi de l'indicatif

On emploie l'indicatif après les conjonctions de subordination : *dans la mesure où, si ce n'est que, sinon que, selon que, sauf si, même si, sauf que.*
N'oubliez pas de vous présenter, dans la mesure où il aura oublié votre nom.

■ L'emploi de l'indicatif ou du conditionnel

On emploie l'indicatif après la conjonction de subordination : *sauf que*. Elle marque alors l'exception.
Le concert est une réussite, sauf que la presse n'en parle pas.

■ L'emploi du conditionnel

On emploie le conditionnel après les conjonctions de subordination : *au cas où, quand bien même, quand même, alors même que, quand.*
Au cas où il viendrait, faites-lui signer ce dossier.

■ L'emploi du subjonctif

On emploie le subjonctif après les conjonctions de subordination : *à condition que, à moins que, à supposer que, pour peu que, pourvu que, soit que, en admettant que.*
Le voilier pourra reprendre la mer, à condition qu'il fasse beau.

■ L'emploi de *si*

Ne dites pas : *si j'aurais su, je ne serais pas venu.* Mais dites : *si j'avais su, je ne serais pas venu.*
Après *si* on utilise l'indicatif (sauf le futur) dans la proposition subordonnée et l'indicatif ou le conditionnel dans la proposition principale.
Si la pluie cesse (présent), *nous partons* (présent).
Si la pluie cesse (présent), *nous partirons* (futur).
*Si la pluie cessait (*imparfait*), nous partirions* (présent du conditionnel).
Si vous l'aviez désiré (plus-que-parfait), *j'aurais appelé un taxi* (passé du conditionnel).

EXERCICE 1

Repérez dans les phrases suivantes l'expression de la condition ou de l'hypothèse.
1. Sans carte, inutile de s'aventurer en montagne. 2. Quand bien même elle refuserait, nous effectuerions la démarche. 3. Si j'avais su que tu les aimais tant, je t'aurais acheté des meringues. 4. Parfaitement révisé, le moteur fonctionnerait à nouveau. 5. Elle répondra à votre invitation, à moins d'être malade.

EXERCICE 2

Modifiez chaque phrase pour exprimer d'une autre manière la condition ou l'hypothèse.
1. Si je suis absent, adressez-vous à la concierge. 2. À moins qu'il ne fasse très froid, nous irons skier. 3. Pour peu que vous contourniez Paris, vous éviterez une perte de temps. 4. À supposer que vous ne soyez pas d'accord, la loi tranchera. 5. Au cas où votre train serait en retard, prenez un taxi.

EXERCICE 3

Écrivez le verbe entre parenthèses au temps correct.
1. Si les grandes puissances (réduire) leurs armements, l'humanité serait moins inquiète. 2. Si j(avoir/perdre) mon chien, j'en serais inconsolable. 3. S'il t'(arriver) la moindre chose, c'est moi qu'on accusera. 4. Si vous (prendre) à gauche, vous apercevrez l'étang.

L'expression du but

***Pour réussir cette maquette*, suivez bien les instructions.**

infinitif précédé de *pour* exprimant le but

Pourquoi exprimer le but ?

Pour indiquer qu'une action vise un objectif (ou but).

N'oubliez pas de lui téléphoner, ***pour qu'il ne rate pas ce rendez-vous***.

l'action — le but : ne pas rater le rendez-vous

Comment exprimer le but ?

Moyens		Exemples
Un infinitif précédé de	pour, afin de, en vue de, dans la vue de, à dessein de, dans le dessein de, dans l'intention de, à l'effet de, dans le but de, dans la crainte de, par crainte de, de peur de, par peur de, histoire de, etc.	*Nous vous convoquons* ***afin de tester vos capacités***. *Il n'hésite pas à acheter trois fois plus de victuailles* ***de crainte d'en manquer***.
Un infinitif précédé d'un verbe de mouvement	courir, partir, aller, envoyer, mener, etc.	*Il partit* ***chercher du secours***.
La conjonction de subordination *que* précédée d'un verbe de volonté ou d'un impératif	vouloir, souhaiter, ordonner, imposer, etc.	*J'ordonne que* ***tout soit terminé avant l'hiver***. *Ôte-toi de là que* ***je m'y mette***. C'est la proposition subordonnée qui exprime le but.
Une conjonction de subordination	afin que, à cette fin que, à seule fin que, pour que, de crainte que, par crainte que, dans la crainte que, de peur que, par peur que, de manière que, de façon que, etc.	*Plongez-les d'abord dans l'eau froide,* ***afin que nous ne nous brûlions pas***. C'est la proposition subordonnée qui exprime le but.

L'EXPRESSION DU BUT ET LE MODE DU VERBE

■ L'emploi du subjonctif

Le verbe de la proposition subordonnée de but est toujours au mode subjonctif.
Montrez-lui la marche à suivre afin qu'il sache, à l'avenir, ce qu'il faut faire.
Il mit la bouteille sur un lit de glaçons afin que le vin restât frais.
Pour que votre note d'électricité soit moins élevée, pensez à éteindre la lumière du couloir.
Il l'accompagna par crainte qu'elle ne fût suivie.
Je vous téléphone pour que vous veniez plus vite à ce rendez-vous.
Enfermez-le de peur qu'il ne sorte en votre absence.

EXERCICE 1

Repérez dans les phrases suivantes l'expression du but.
1. Il m'a fallu du temps pour me réhabituer à la ville. 2. On a élargi l'autoroute de façon que la circulation soit plus fluide. 3. Elle baissa le son de la radio afin que le bébé ne s'éveillât pas. 4. Je souhaite que ces travaux se fassent rapidement. 5. J'accélère de manière que tu puisses arriver à l'heure. 6. Montre tes mains que je voie si elles sont propres.

EXERCICE 2

Mettez le verbe au mode subjonctif.
1. Écrivez lisiblement afin qu'il (comprendre). 2. Laissez-le découper cette volaille, de peur que vous ne vous (blesser). 3. Les ouvriers roulent la pelouse afin qu'elle (être) prête pour le match. 4. Reculez votre voiture de manière que je (pouvoir) me garer. 5. Dis-moi la vérité pour que je (savoir) à quoi m'en tenir. 6. Il s'abstient de fumer de manière que tout le monde (être) satisfait.

EXERCICE 3

Complétez en utilisant soit *histoire de*, soit *afin de*.
1. Il chanta ... animer la soirée. 2. L'arbitre lança un coup de sifflet ... calmer la partie. 3. Il avait tout mis par écrit ... prévenir tout désistement. 4. ... réaliser les premiers plans, on envoya une équipe sur place. 5. Ils économisaient ... de pouvoir construire un jour. 6. ... mieux nager, prenez quelques leçons.

EXERCICE 4

Reprenez les phrases de l'exercice 1 en utilisant un autre moyen d'exprimer le but.

EXERCICE 5

Reprenez les phrases de l'exercice 2 en utilisant un autre moyen d'exprimer le but.

EXERCICE 6

Reprenez les phrases de l'exercice 3 en utilisant un autre moyen d'exprimer le but.

L'origine de l'expression « de but en blanc »

L'expression signifie agir ou parler brusquement, sans avoir réfléchi, sans préparation.
Il m'a posé une question de but en blanc.
À l'origine, *de but en blanc* se disait d'un tir effectué d'une butte en visant le blanc de la cible, sans préparation. Peu à peu, la confusion a été faite entre la butte et le but (ce que l'on vise).

L'expression de l'opposition

***Malgré le peu de place**, l'automobiliste parvient à se garer.*
groupe nominal introduit par la préposition malgré exprimant l'opposition

Elle continue à faire du sport bien que cela lui soit interdit.
proposition subordonnée exprimant l'opposition, introduite par la conjonction de subordination *bien que*

Pourquoi exprimer l'opposition ?

Pour marquer une opposition entre deux faits.
*Vous ne me croyez pas **et pourtant j'ai raison.***

Comment exprimer l'opposition ?

Moyens		**Exemples**
Un infinitif ou un nom précédé de	au lieu de, bien loin de, malgré, en dépit de, par contre, etc.	***Au lieu de vous énerver**, suivez mes conseils.* ***Malgré la difficulté**, il réussira.* C'est la proposition infinitive ou le groupe nominal qui exprime l'opposition.
Un adverbe	autant, seulement, cependant, néanmoins pourtant, tant, etc.	*Le public reste assis, **pourtant le spectacle est fini**.* C'est la proposition contenant l'adverbe qui exprime l'opposition.
Une expression	avoir beau	***J'ai beau lui dire qu'il a tort**, il s'entête.*
Une conjonction de subordination	alors que, alors même que, lors même que, au lieu que, bien que, encore que, loin que, bien loin que, malgré que, même si, si même, nonobstant que, quand, quand bien même, que si, quoique, si, tandis que, etc.	***Même si le brouillard se dissipe**, la conduite reste dangereuse.* C'est la proposition subordonnée qui exprime l'opposition.
Un participe passé ou un adjectif précédés par une conjonction de subordination ou un adverbe		*Quoique **fatigué**, il continue son voyage.* *Même **valable**, je n'accepte pas cette réflexion.*
Un gérondif		*Tout **en protestant**, il cherche ses papiers.*

L'EXPRESSION DE L'OPPOSITION ET LE MODE DU VERBE

■ L'emploi du subjonctif

Le verbe de la proposition subordonnée d'opposition est le plus souvent au subjonctif.
N'hésitez pas à le rappeler, bien qu'il soit déjà prévenu.

■ L'emploi du conditionnel

Le verbe de la proposition subordonnée d'opposition construite avec *quand bien même* demande le conditionnel.
Il ne sera pas choisi, quand bien même il ferait tout pour cela.

■ Faut-il écrire *quoique* ou *quoi que* ?

▪ On écrit *quoique* quand on peut le remplacer par *bien que*.
Quoique cette manœuvre soit simple, il ne la réussit pas.
Bien que cette manœuvre soit simple, il ne la réussit pas.
▪ On écrit *quoi que* quand on peut le remplacer par *quel que soit.*

EXERCICE 1

Repérez dans les phrases suivantes l'expression de l'opposition.
1. Méfiez-vous de lui, même s'il reste courtois. 2. En dépit de son chagrin, elle continue à sourire et à être serviable. 3. Je veux bien le recevoir, encore que je n'aie rien à lui dire. 4. Même si je devais le regretter un jour, je vous aiderai quand même. 5. Malgré l'approche de l'été, il continue à pleuvoir.

EXERCICE 2

Mettez le verbe de la proposition subordonnée d'opposition au subjonctif ou au conditionnel.
1. Quand bien même vous (avoir) raison, ne le laissez pas trop paraître. 2. Les vacances ont été bonnes bien qu'il (avoir) plu souvent. 3. Il parvient à se glisser sous la voiture bien qu'il (être) corpulent. 4. Elle relut son texte une dernière fois bien qu'elle le (savoir) par cœur. 5. Quoiqu'elle (être) importante, l'entreprise a déposé son bilan.

EXERCICE 3

Mettez le verbe de la proposition subordonnée d'opposition au subjonctif ou au conditionnel.
1.Quoique nous (être) discrets, la nouvelle se propagea rapidement. 2. Bien qu'il (se dire) amateur de whisky, il ne doit pas en boire. 3. Si fort et si grand que vous (prétendre) être, vous n'atteindrez pas cette étagère. 4. Il se contentait des seconds rôles, bien qu'on le lui (reprocher) souvent.

EXERCICE 4

Complétez en utilisant *quoique* ou *quoi que*.
1. ... vous en pensiez, l'affaire se fera. 2. ... sérieux, il prenait souvent des congés. 3. Avant d'entreprendre ... ce soit, téléphone-moi. 4. ... il en soit, ne dramatisez pas. 5. Il ne peut habiter sa maison, ... il en soit le propriétaire. 6. ... je réussisse, je suis critiqué. 7. ... je fasse, je suis critiqué.

EXERCICE 5

Complétez les phrases suivantes.
1. ... elle préfère le vrai café, elle boit du café décaféiné. 2. ... il fût plus de 9 heures du soir, le soleil brillait encore. 3. Nous avons passé de bonnes vacances, ... le vent était trop faible pour la planche à voile. 4. ... j'aurais dû user mes pieds jusqu'aux genoux, je serais partie.

Les conjonctions

Nous prendrons le train ou l'avion.
conjonction de coordination (*ou*)

Dès qu'il fait beau, nous faisons de longues promenades.
locution conjonctive de temps (*Dès qu'*)

Qu'est-ce qu'une conjonction ?

La conjonction est un mot invariable qui sert à joindre deux termes semblables d'une proposition ou deux propositions, ou deux phrases, en marquant le rapport qui les relie.
*Ils ne savent **ni** son nom **ni** son prénom.*
(nom ↑ nom)

Les différents emplois des conjonctions de coordination

Les principales conjonctions de coordination sont *: mais, ou, et, donc, or, ni, car.*
Et et *ni* marquent une addition : *Il ramasse **et** relance la balle. Il ne mange **ni** pain **ni** féculents.*
Ou marque un choix : *Nous regarderons la télévision **ou** nous sortirons.*
Mais marque une opposition : *Le terrain est gelé **mais** la course aura lieu.*
Or et *donc* marquent un raisonnement : *Ce matériel coûte cher, **or** nous ne disposons d'aucun crédit supplémentaire pour l'acheter, **donc** rayons-le de la liste.*

Les différents emplois des conjonctions de subordination

□ La conjonction de subordination *que* est la plus utilisée. Elle sert de lien entre la proposition principale et sa subordonnée.
*J'ai le sentiment **que** cette offre n'est pas suffisante.*
(*J'ai le sentiment* : proposition principale ; *cette offre n'est pas suffisante* : proposition subordonnée conjonctive)

□ Les autres conjonctions de subordination introduisent des propositions subordonnées circonstancielles de cause, de conséquence, de but, etc.
*Vous répondrez **quand** il vous laissera la parole.*
(*Vous répondrez* : proposition principale ; *il vous laissera la parole* : proposition subordonnée circonstancielle de temps.)

	Conjonctions de subordination	**Locutions conjonctives**
cause	comme, puisque	*parce que, sous prétexte que*, etc.
but		*afin que, pour que, de peur que*, etc.
conséquence	que	*de sorte que, de façon que, de manière que*, etc.
opposition	quoique	*bien que, encore que, alors que*, etc.
condition	si, sinon	*au cas où, soit que, à moins que*, etc.
temps	quand, lorsque, comme	*avant que, alors que, dès lors que, tandis que, depuis que, dès que*, etc.

QUELLE ORTHOGRAPHE CHOISIR ?

■ Faut-il écrire *si* ou *s'y* ?

On écrit *s'y* quand on peut le remplacer par *se ... à cela.*
C'est sa version et il s'y tient.
C'est sa version et il se tient à cela.

■ Faut-il écrire *ni* ou *n'y* ?

■ On n'écrit *n'y* quand on peut le remplacer par *ne ... à cela* ou *ne ... là.*
Ces gens-là n'y peuvent rien.
Ces gens-là ne peuvent rien à cela.
■ On écrit *ni* quand on peut le remplacer par *pas de, aucun.*
Je ne constate ni cassure, ni défaut.

■ Faut-il écrire *et* ou *est* ?

■ On écrit *et* quand on peut le remplacer par *et puis.*
Il décapsula la bouteille et la porta à sa bouche.
Il décapsula la bouteille et puis...
■ On écrit *est* quand on peut le remplacer par *était.*
Il est venu s'appuyer contre le mur.
Il était venu s'appuyer contre le mur.

■ Faut-il écrire *ou* ou *où* ?

■ On écrit *ou* quand on peut le remplacer par *ou bien.*
Je porterai le sac ou la valise.
Je porterai le sac ou bien la valise.
■ On écrit *où* quand il indique le lieu ou la provenance.
Où allez-vous ?
Le pays d'où je viens.

■ La conjonction *que*

Il ne faut pas confondre la conjonction et le pronom relatif. Ce dernier vient presque toujours après le nom.
Distribue les lettres que j'ai apportées.
La conjonction est souvent placée après un verbe.
Il faut que vous veniez.

EXERCICE 1

Complétez avec *si* ou *s'y*.
1. ... tu l'avais écouté, tu n'en serais pas là. 2. Il ... plaît beaucoup : Venise est tellement belle. 3. On ... rend facilement. 4. Il est ... distrait ! 5. Il ... est vraiment attaché.

EXERCICE 2

Complétez avec *ni* ou *n'y*.
1. Il ... a rien à ajouter à vos paroles. 2. Cette dame ... comprend rien. 3. Il ne nous entend ... ne nous voit. 4. Ce tissu ne réclame ... lavage ... repassage.

EXERCICE 3

Complétez avec *et* ou *est*.
1. Il ... trop tard pour reculer. 2. Elle ... partie ... n' ... jamais revenue. 3. Où avez-vous posé ce dossier ... ce livre ? 4. La seule condition ... de réussir cette épreuve avant d'être accepté. 5. Il ... à l'essai ... sera sans doute retenu.

EXERCICE 4

Complétez avec *ou* ou *où*.
1. Pouvez-vous me dire d' ... sort ce chien ? 2. Écrivez ... mieux, téléphonez : cela ira plus vite. 3. ... vous venez ... vous vous faites représenter. 4. ... va cet avion : à Lyon ... à Marseille ?

EXERCICE 5

Complétez avec la conjonction ou la locution conjonctive qui convient.
1. Il pensait que ... cette décision était prise, on aurait déjà pu commencer. 2. ... ils ne viendraient pas, il faudrait tout de suite téléphoner. 3. Il partait ... tout le travail restait à faire. 4. ... tu prévois des vacances en août, préviens-moi, ... je puisse t'accompagner. 5. C'était un épisode identique à celui ... nous avions déjà vécu.

ORTHOGRAPHE
LE GROUPE NOMINAL
LE GROUPE VERBAL
LES FONCTIONS
LA PHRASE
CONJUGAISONS

Avoir

J'ai un nouveau livre.
ai : verbe transitif direct

J'ai lu deux romans policiers à la suite.
ai : auxiliaire du verbe *lire* à la voix active (temps composé)

INDICATIF

PRÉSENT		IMPARFAIT		PASSÉ SIMPLE		FUTUR SIMPLE	
j'	ai	j'	avais	j'	eus	j'	aurai
tu	as	tu	avais	tu	eus	tu	auras
il	a	il	avait	il	eut	il	aura
nous	avons	nous	avions	nous	eûmes	nous	aurons
vous	avez	vous	aviez	vous	eûtes	vous	aurez
ils	ont	ils	avaient	ils	eurent	ils	auront

PASSÉ COMPOSÉ		PLUS-QUE-PARFAIT		PASSÉ ANTÉRIEUR		FUTUR ANTÉRIEUR	
j'	ai eu	j'	avais eu	j'	eus eu	j'	aurai eu
tu	as eu	tu	avais eu	tu	eus eu	tu	auras eu
il	a eu	il	avait eu	il	eut eu	il	aura eu
nous	avons eu	nous	avions eu	nous	eûmes eu	nous	aurons eu
vous	avez eu	vous	aviez eu	vous	eûtes eu	vous	aurez eu
ils	ont eu	ils	avaient eu	ils	eurent eu	ils	auront eu

CONDITIONNEL

PRÉSENT		PASSÉ 1re FORME		PASSÉ 2e FORME	
j'	aurais	j'	aurais eu	j'	eusse eu
tu	aurais	tu	aurais eu	tu	eusses eu
il	aurait	il	aurait eu	il	eût eu
nous	aurions	nous	aurions eu	nous	eussions eu
vous	auriez	vous	auriez eu	vous	eussiez eu
ils	auraient	ils	auraient eu	ils	eussent eu

PARTICIPE

PRÉSENT	PASSÉ
ayant	eu, eue ayant eu

SUBJONCTIF

PRÉSENT		IMPARFAIT		PASSÉ		PLUS-QUE-PARFAIT	
que j'	aie	que j'	eusse	que j'	aie eu	que j'	eusse eu
que tu	aies	que tu	eusses	que tu	aies eu	que tu	eusses eu
qu' il	ait	qu' il	eût	qu' il	ait eu	qu' il	eût eu
que nous	ayons	que nous	eussions	que nous	ayons eu	que nous	eussions eu
que vous	ayez	que vous	eussiez	que vous	ayez eu	que vous	eussiez eu
qu' ils	aient	qu' ils	eussent	qu' ils	aient eu	qu' ils	eussent eu

IMPÉRATIF

PRÉSENT	PASSÉ
aie	aie eu
ayons	ayons eu
ayez	ayez eu

INFINITIF

PRÉSENT	PASSÉ
avoir	avoir eu

Être

Souffler n'est pas jouer.
verbe attributif
Je suis parti.
auxiliaire des verbes intransitifs (temps composés)
La maison a été détruite.
auxiliaire de la forme passive

INDICATIF

PRÉSENT	IMPARFAIT	PASSÉ SIMPLE	FUTUR SIMPLE
je suis	j' étais	je fus	je serai
tu es	tu étais	tu fus	tu seras
il est	il était	il fut	il sera
nous sommes	nous étions	nous fûmes	nous serons
vous êtes	vous étiez	vous fûtes	vous serez
ils sont	ils étaient	ils furent	ils seront

PASSÉ COMPOSÉ	PLUS-QUE-PARFAIT	PASSÉ ANTÉRIEUR	FUTUR ANTÉRIEUR
j' ai été	j' avais été	j' eus été	j' aurai été
tu as été	tu avais été	tu eus été	tu auras été
il a été	il avait été	il eut été	il aura été
nous avons été	nous avions été	nous eûmes été	nous aurons été
vous avez été	vous aviez été	vous eûtes été	vous aurez été
ils ont été	ils avaient été	ils eurent été	ils auront été

CONDITIONNEL

PRÉSENT	PASSÉ 1re FORME	PASSÉ 2e FORME
je serais	j' aurais été	j' eusse été
tu serais	tu aurais été	tu eusses été
il serait	il aurait été	il eût été
nous serions	nous aurions été	nous eussions été
vous seriez	vous auriez été	vous eussiez été
ils seraient	ils auraient été	ils eussent été

PARTICIPE

PRÉSENT

étant

PASSÉ

été
ayant été

SUBJONCTIF

PRÉSENT	IMPARFAIT	PASSÉ	PLUS-QUE-PARFAIT
que je sois	que je fusse	que j' aie été	que j' eusse été
que tu sois	que tu fusses	que tu aies été	que tu eusses été
qu' il soit	qu' il fût	qu' il ait été	qu' il eût été
que nous soyons	que nous fussions	que nous ayons été	que nous eussions été
que vous soyez	que vous fussiez	que vous ayez été	que vous eussiez été
qu' ils soient	qu' ils fussent	qu' ils aient été	qu' ils eussent été

IMPÉRATIF

PRÉSENT	PASSÉ
sois	aie été
soyons	ayons été
soyez	ayez été

INFINITIF

PRÉSENT	PASSÉ
être	avoir été

Aimer

PREMIER GROUPE

Se conjuguent comme *aimer* : *accabler, accepter, apaiser, attirer, baisser, blesser, bouleverser, caresser, causer, communiquer, débarrasser, dresser, échapper, enflammer, favoriser, implorer, pardonner, parfumer, ramasser, scintiller, tromper, veiller...*

INDICATIF

PRÉSENT	IMPARFAIT	PASSÉ SIMPLE	FUTUR SIMPLE
j' aime	j' aimais	j' aimai	j' aimerai
tu aimes	tu aimais	tu aimas	tu aimeras
il aime	il aimait	il aima	il aimera
nous aimons	nous aimions	nous aimâmes	nous aimerons
vous aimez	vous aimiez	vous aimâtes	vous aimerez
ils aiment	ils aimaient	ils aimèrent	ils aimeront

PASSÉ COMPOSÉ	PLUS-QUE-PARFAIT	PASSÉ ANTÉRIEUR	FUTUR ANTÉRIEUR
j' ai aimé	j' avais aimé	j' eus aimé	j' aurai aimé
tu as aimé	tu avais aimé	tu eus aimé	tu auras aimé
il a aimé	il avait aimé	il eut aimé	il aura aimé
nous avons aimé	nous avions aimé	nous eûmes aimé	nous aurons aimé
vous avez aimé	vous aviez aimé	vous eûtes aimé	vous aurez aimé
ils ont aimé	ils avaient aimé	ils eurent aimé	ils auront aimé

CONDITIONNEL

PRÉSENT	PASSÉ 1re FORME	PASSÉ 2e FORME
j' aimerais	j' aurais aimé	j' eusse aimé
tu aimerais	tu aurais aimé	tu eusses aimé
il aimerait	il aurait aimé	il eût aimé
nous aimerions	nous aurions aimé	nous eussions aimé
vous aimeriez	vous auriez aimé	vous eussiez aimé
ils aimeraient	ils auraient aimé	ils eussent aimé

PARTICIPE

PRÉSENT	PASSÉ
aimant	aimé, ée ayant aimé

SUBJONCTIF

PRÉSENT	IMPARFAIT	PASSÉ	PLUS-QUE-PARFAIT
que j' aime	que j' aimasse	que j' aie aimé	que j' eusse aimé
que tu aimes	que tu aimasses	que tu aies aimé	que tu eusses aimé
qu' il aime	qu' il aimât	qu' il ait aimé	qu' il eût aimé
que nous aimions	que nous aimassions	que nous ayons aimé	que nous eussions aimé
que vous aimiez	que vous aimassiez	que vous ayez aimé	que vous eussiez aimé
qu' ils aiment	qu' ils aimassent	qu' ils aient aimé	qu' ils eussent aimé

IMPÉRATIF

PRÉSENT	PASSÉ
aime	aie aimé
aimons	ayons aimé
aimez	ayez aimé

INFINITIF

PRÉSENT	PASSÉ
aimer	avoir aimé

Apprécier

PREMIER GROUPE

Se conjuguent comme *apprécier* tous les verbes en *-ier* : *allier, amnistier, amplifier, calligraphier, crier, dénier, disgracier, édifier, gélifier, humilier, intensifier, liquéfier, marier, mortifier, officier, orthographier, personnifier, raréfier, répertorier, sacrifier, télégraphier*, etc.

INDICATIF

PRÉSENT	IMPARFAIT	PASSÉ SIMPLE	FUTUR SIMPLE
j' apprécie	j' appréciais	j' appréciai	j' apprécierai
tu apprécies	tu appréciais	tu apprécias	tu apprécieras
il apprécie	il appréciait	il apprécia	il appréciera
nous apprécions	nous appréciions	nous appréciâmes	nous apprécierons
vous appréciez	vous appréciiez	vous appréciâtes	vous apprécierez
ils apprécient	ils appréciaient	ils apprécièrent	ils apprécieront

PASSÉ COMPOSÉ	PLUS-QUE-PARFAIT	PASSÉ ANTÉRIEUR	FUTUR ANTÉRIEUR
j' ai apprécié	j' avais apprécié	j' eus apprécié	j' aurai apprécié
tu as apprécié	tu avais apprécié	tu eus apprécié	tu auras apprécié
il a apprécié	il avait apprécié	il eut apprécié	il aura apprécié
nous avons apprécié	nous avions apprécié	nous eûmes apprécié	nous aurons apprécié
vous avez apprécié	vous aviez apprécié	vous eûtes apprécié	vous aurez apprécié
ils ont apprécié	ils avaient apprécié	ils eurent apprécié	ils auront apprécié

CONDITIONNEL

PRÉSENT	PASSÉ 1re FORME	PASSÉ 2e FORME
j' apprécierais	j' aurais apprécié	j' eusse apprécié
tu apprécierais	tu aurais apprécié	tu eusses apprécié
il apprécierait	il aurait apprécié	il eût apprécié
n. apprécierions	n. aurions apprécié	n. eussions apprécié
v. apprécieriez	v. auriez apprécié	v. eussiez apprécié
ils apprécieraient	ils auraient apprécié	ils eussent apprécié

PARTICIPE

PRÉSENT

appréciant

PASSÉ

apprécié, ée
ayant apprécié

SUBJONCTIF

PRÉSENT	IMPARFAIT	PASSÉ	PLUS-QUE-PARFAIT
que j' apprécie	que j' appréciasse	que j' aie apprécié	que j' eusse apprécié
que tu apprécies	que tu appréciasses	que tu aies apprécié	que tu eusses apprécié
qu' il apprécie	qu' il appréciât	qu' il ait apprécié	qu' il eût apprécié
que n. appréciions	que n. appréciassions	que n. ayons apprécié	que n. eussions apprécié
que v. appréciiez	que v. appréciassiez	que v. ayez apprécié	que v. eussiez apprécié
qu' ils apprécient	qu' ils appréciassent	qu' ils aient apprécié	qu' ils eussent apprécié

IMPÉRATIF

PRÉSENT	PASSÉ
apprécie	aie apprécié
apprécions	ayons apprécié
appréciez	ayez apprécié

INFINITIF

PRÉSENT	PASSÉ
apprécier	avoir apprécié

Broyer

PREMIER GROUPE

Se conjuguent comme broyer tous les verbes en -oyer et -uyer. Ces verbes changent l'y du radical en -i devant un e muet (terminaisons e, es, ent, erai, erais). Exceptions : *envoyer* et *renvoyer* sont irréguliers au futur et au conditionnel.
Exemples : *j'enverrai* et *j'enverrais – je renverrai* et *je renverrais*

INDICATIF

PRÉSENT	IMPARFAIT	PASSÉ SIMPLE	FUTUR SIMPLE
je broie	je broyais	je broyai	je broierai
tu broies	tu broyais	tu broyas	tu broieras
il broie	il broyait	il broya	il broiera
nous broyons	nous broyions	nous broyâmes	nous broierons
vous broyez	vous broyiez	vous broyâtes	vous broierez
ils broient	ils broyaient	ils broyèrent	ils broieront

PASSÉ COMPOSÉ	PLUS-QUE-PARFAIT	PASSÉ ANTÉRIEUR	FUTUR ANTÉRIEUR
j' ai broyé	j' avais broyé	j' eus broyé	j' aurai broyé
tu as broyé	tu avais broyé	tu eus broyé	tu auras broyé
il a broyé	il avait broyé	il eut broyé	il aura broyé
nous avons broyé	nous avions broyé	nous eûmes broyé	nous aurons broyé
vous avez broyé	vous aviez broyé	vous eûtes broyé	vous aurez broyé
ils ont broyé	ils avaient broyé	ils eurent broyé	ils auront broyé

CONDITIONNEL

PRÉSENT	PASSÉ 1re FORME	PASSÉ 2e FORME
je broierais	j' aurais broyé	j' eusse broyé
tu broierais	tu aurais broyé	tu eusses broyé
il broierait	il aurait broyé	il eût broyé
nous broierions	nous aurions broyé	nous eussions broyé
vous broieriez	vous auriez broyé	vous eussiez broyé
ils broieraient	ils auraient broyé	ils eussent broyé

PARTICIPE

PRÉSENT

broyant

PASSÉ

broyé, ée
ayant broyé

SUBJONCTIF

PRÉSENT	IMPARFAIT	PASSÉ	PLUS-QUE-PARFAIT
que je broie	que je broyasse	que j' aie broyé	que j' eusse broyé
que tu broies	que tu broyasses	que tu aies broyé	que tu eusses broyé
qu' il broie	qu' il broyât	qu' il ait broyé	qu' il eût broyé
que n. broyions	que n. broyassions	que n. ayons broyé	que n. eussions broyé
que v. broyiez	que v. broyassiez	que v. ayez broyé	que v. eussiez broyé
qu' ils broient	qu' ils broyassent	qu' ils aient broyé	qu' ils eussent broyé

IMPÉRATIF

PRÉSENT	PASSÉ
broie	aie broyé
broyons	ayons broyé
broyez	ayez broyé

INFINITIF

PRÉSENT	PASSÉ
broyer	avoir broyé

Créer

PREMIER GROUPE

Se conjuguent comme *créer* tous les verbes en *-éer* : *agréer, délinéer, énucléer, gréer, maugréer, toréer...* (À noter, pour ces verbes, la présence régulière de deux *e* à certaines personnes de certains temps et la présence de trois *e* au participe passé féminin.)

INDICATIF

PRÉSENT	IMPARFAIT	PASSÉ SIMPLE	FUTUR SIMPLE
je crée	je créais	je créai	je créerai
tu crées	tu créais	tu créas	tu créeras
il crée	il créait	il créa	il créera
nous créons	nous créions	nous créâmes	nous créerons
vous créez	vous créiez	vous créâtes	vous créerez
ils créent	ils créaient	ils créèrent	ils créeront

PASSÉ COMPOSÉ	PLUS-QUE-PARFAIT	PASSÉ ANTÉRIEUR	FUTUR ANTÉRIEUR
j' ai créé	j' avais créé	j' eus créé	j' aurai créé
tu as créé	tu avais créé	tu eus créé	tu auras créé
il a créé	il avait créé	il eut créé	il aura créé
nous avons créé	nous avions créé	nous eûmes créé	nous aurons créé
vous avez créé	vous aviez créé	vous eûtes créé	vous aurez créé
ils ont créé	ils avaient créé	ils eurent créé	ils auront créé

CONDITIONNEL

PRÉSENT	PASSÉ 1re FORME	PASSÉ 2e FORME
je créerais	j' aurais créé	j' eusse créé
tu créerais	tu aurais créé	tu eusses créé
il créerait	il aurait créé	il eût créé
nous créerions	nous aurions créé	nous eussions créé
vous créeriez	vous auriez créé	vous eussiez créé
ils créeraient	ils auraient créé	ils eussent créé

PARTICIPE

PRÉSENT

créant

PASSÉ

créé, éée
ayant créé

SUBJONCTIF

PRÉSENT	IMPARFAIT	PASSÉ	PLUS-QUE-PARFAIT
que je crée	que je créasse	que j' aie créé	que j' eusse créé
que tu crées	que tu créasses	que tu aies créé	que tu eusses créé
qu' il crée	qu' il créât	qu' il ait créé	qu' il eût créé
que nous créions	que nous créassions	que nous ayons créé	que nous eussions créé
que vous créiez	que vous créassiez	que vous ayez créé	que vous eussiez créé
qu' ils créent	qu' ils créassent	qu' ils aient créé	qu' ils eussent créé

IMPÉRATIF

PRÉSENT	PASSÉ
crée	aie créé
créons	ayons créé
créez	ayez créé

INFINITIF

PRÉSENT	PASSÉ
créer	avoir créé

Jeter

PREMIER GROUPE

Se conjuguent comme jeter tous les verbes en -eter : cacheter, déchiqueter... et tous les verbes en -eler : amonceler, appeler, ... qui doublent le *t* ou le *l* devant un *e* muet. Exceptions : *modeler, celer, déceler, receler, ciseler, démanteler, écarteler, congeler, dégeler, geler, marteler, peler, acheter, crocheter, fureter, haleter.*

INDICATIF

PRÉSENT	IMPARFAIT	PASSÉ SIMPLE	FUTUR SIMPLE
je jette	je jetais	je jetai	je jetterai
tu jettes	tu jetais	tu jetas	tu jetteras
il jette	il jetait	il jeta	il jettera
nous jetons	nous jetions	nous jetâmes	nous jetterons
vous jetez	vous jetiez	vous jetâtes	vous jetterez
ils jettent	ils jetaient	ils jetèrent	ils jetteront

PASSÉ COMPOSÉ	PLUS-QUE-PARFAIT	PASSÉ ANTÉRIEUR	FUTUR ANTÉRIEUR
j' ai jeté	j' avais jeté	j' eus jeté	j' aurai jeté
tu as jeté	tu avais jeté	tu eus jeté	tu auras jeté
il a jeté	il avait jeté	il eut jeté	il aura jeté
nous avons jeté	nous avions jeté	nous eûmes jeté	nous aurons jeté
vous avez jeté	vous aviez jeté	vous eûtes jeté	vous aurez jeté
ils ont jeté	ils avaient jeté	ils eurent jeté	ils auront jeté

CONDITIONNEL

PRÉSENT	PASSÉ 1re FORME	PASSÉ 2e FORME
je jetterais	j' aurais jeté	j' eusse jeté
tu jetterais	tu aurais jeté	tu eusses jeté
il jetterait	il aurait jeté	il eût jeté
nous jetterions	nous aurions jeté	nous eussions jeté
vous jetteriez	vous auriez jeté	vous eussiez jeté
ils jetteraient	ils auraient jeté	ils eussent jeté

PARTICIPE

PRÉSENT

jetant

PASSÉ

jeté, ée
ayant jeté

SUBJONCTIF

PRÉSENT	IMPARFAIT	PASSÉ	PLUS-QUE-PARFAIT
que je jette	que je jetasse	que j' aie jeté	que j' eusse jeté
que tu jettes	que tu jetasses	que tu aies jeté	que tu eusses jeté
qu' il jette	qu' il jetât	qu' il ait jeté	qu' il eût jeté
que n. jetions	que n. jetassions	que n. ayons jeté	que n. eussions jeté
que v. jetiez	que v. jetassiez	que v. ayez jeté	que v. eussiez jeté
qu' ils jettent	qu' ils jetassent	qu' ils aient jeté	qu' ils eussent jeté

IMPÉRATIF

PRÉSENT	PASSÉ
jette	aie jeté
jetons	ayons jeté
jetez	ayez jeté

INFINITIF

PRÉSENT	PASSÉ
jeter	avoir jeté

DEUXIÈME GROUPE

**Comptant environ 390 verbes, ce groupe ne s'enrichit presque plus. Tous les verbes du 2e groupe se conjuguent comme *finir*.
Infinitif : *-ir*. Participe présent : *-issant*.
Cette forme du participe présent permet de distinguer les verbes du 2e groupe et les verbes du 3e groupe qui ont un infinitif en *-ir*.**

INDICATIF

PRÉSENT	IMPARFAIT	PASSÉ SIMPLE	FUTUR SIMPLE
je finis	je finissais	je finis	je finirai
tu finis	tu finissais	tu finis	tu finiras
il finit	il finissait	il finit	il finira
nous finissons	nous finissions	nous finîmes	nous finirons
vous finissez	vous finissiez	vous finîtes	vous finirez
ils finissent	ils finissaient	ils finirent	ils finiront

PASSÉ COMPOSÉ	PLUS-QUE-PARFAIT	PASSÉ ANTÉRIEUR	FUTUR ANTÉRIEUR
j' ai fini	j' avais fini	j' eus fini	j' aurai fini
tu as fini	tu avais fini	tu eus fini	tu auras fini
il a fini	il avait fini	il eut fini	il aura fini
nous avons fini	nous avions fini	nous eûmes fini	nous aurons fini
vous avez fini	vous aviez fini	vous eûtes fini	vous aurez flni
ils ont fini	ils avaient fini	ils eurent fini	ils auront fini

CONDITIONNEL

PRÉSENT	PASSÉ 1re FORME	PASSÉ 2e FORME
je finirais	j' aurais fini	j' eusse fini
tu finirais	tu aurais fini	tu eusses fini
il finirait	il aurait fini	il eût fini
nous finirions	nous aurions fini	nous eussions fini
vous finiriez	vous auriez fini	vous eussiez fini
ils finiraient	ils auraient fini	ils eussent fini

PARTICIPE

PRÉSENT

finissant

PASSÉ

fini, ie
ayant fini

SUBJONCTIF

PRÉSENT	IMPARFAIT	PASSÉ	PLUS-QUE-PARFAIT
que je finisse	que je finisse	que j' aie fini	que j' eusse fini
que tu finisses	que tu finisses	que tu aies fini	que tu eusses fini
qu' il finisse	qu' il finît	qu' il ait fini	qu' il eût fini
que nous finissions	que nous finissions	que nous ayons fini	que nous eussions fini
que vous finissiez	que vous finissiez	que vous ayez fini	que vous eussiez fini
qu' ils finissent	qu' ils finissent	qu' ils aient fini	qu' ils eussent fini

IMPÉRATIF

PRÉSENT	PASSÉ
finis	aie fini
finissons	ayons fini
finissez	ayez fini

INFINITIF

PRÉSENT	PASSÉ
finir	avoir fini

Tenir

TROISIÈME GROUPE

Se conjuguent comme *tenir* : *s'abstenir, appartenir, contenir, détenir, entretenir…* et tous les composés de *venir* : *advenir, circonvenir, contrevenir, convenir, devenir…*
Participe présent = *ant* (cette forme du participe présent permet de distinguer les verbes du 3e groupe de ceux du 2e groupe).

INDICATIF

PRÉSENT	IMPARFAIT	PASSÉ SIMPLE	FUTUR SIMPLE
je tiens	je tenais	je tins	je tiendrai
tu tiens	tu tenais	tu tins	tu tiendras
il tient	il tenait	il tint	il tiendra
nous tenons	nous tenions	nous tînmes	nous tiendrons
vous tenez	vous teniez	vous tîntes	vous tiendrez
ils tiennent	ils tenaient	ils tinrent	ils tiendront

PASSÉ COMPOSÉ	PLUS-QUE-PARFAIT	PASSÉ ANTÉRIEUR	FUTUR ANTÉRIEUR
j' ai tenu	j' avais tenu	j' eus tenu	j' aurai tenu
tu as tenu	tu avais tenu	tu eus tenu	tu auras tenu
il a tenu	il avait tenu	il eut tenu	il aura tenu
nous avons tenu	nous avions tenu	nous eûmes tenu	nous aurons tenu
vous avez tenu	vous aviez tenu	vous eûtes tenu	vous aurez tenu
ils ont tenu	ils avaient tenu	ils eurent tenu	ils auront tenu

CONDITIONNEL

PRÉSENT	PASSÉ 1re FORME	PASSÉ 2e FORME
je tiendrais	j' aurais tenu	j' eusse tenu
tu tiendrais	tu aurais tenu	tu eusses tenu
il tiendrait	il aurait tenu	il eût tenu
nous tiendrions	nous aurions tenu	nous eussions tenu
vous tiendriez	vous auriez tenu	vous eussiez tenu
ils tiendraient	ils auraient tenu	ils eussent tenu

PARTICIPE

PRÉSENT

tenant.

PASSÉ

tenu, ue
ayant tenu

SUBJONCTIF

PRÉSENT	IMPARFAIT	PASSÉ	PLUS-QUE-PARFAIT
que je tienne	que je tinsse	que j' aie tenu	que j' eusse tenu
que tu tiennes	que tu tinsses	que tu aies tenu	que tu eusses tenu
qu' il tienne	qu' il tînt	qu' il ait tenu	qu' il eût tenu
que nous tenions	que nous tinssions	que nous ayons tenu	que nous eussions tenu
que vous teniez	que vous tinssiez	que vous ayez tenu	que vous eussiez tenu
qu' ils tiennent	qu' ils tinssent	qu' ils aient tenu	qu' ils eussent tenu

IMPÉRATIF

PRÉSENT	PASSÉ
tiens	aie tenu
tenons	ayons tenu
tenez	ayez tenu

INFINITIF

PRÉSENT	PASSÉ
tenir	avoir tenu

Aller

TROISIÈME GROUPE

Seul verbe du 3e groupe avec une termisaison en *-er* (*s'en aller* se conjugue de la même façon).
Aux temps composés, le participe passé s'accorde en genre et en nombre avec le sujet.

INDICATIF

PRÉSENT	IMPARFAIT	PASSÉ SIMPLE	FUTUR SIMPLE
je vais	j' allais	j' allai	j' irai
tu vas	tu allais	tu allas	tu iras
il va	il allait	il alla	il ira
nous allons	nous allions	nous allâmes	nous irons
vous allez	vous alliez	vous allâtes	vous irez
ils vont	ils allaient	ils allèrent	ils iront

PASSÉ COMPOSÉ	PLUS-QUE-PARFAIT	PASSÉ ANTÉRIEUR	FUTUR ANTÉRIEUR
je suis allé	j' étais allé	je fus allé	je serai allé
tu es allé	tu étais allé	tu fus allé	tu seras allé
il est allé	il était allé	il fut allé	il sera allé
nous sommes allés	nous étions allés	nous fûmes allés	nous serons allés
vous êtes allés	vous étiez allés	vous fûtes allés	vous serez allés
ils sont allés	ils étaient allés	ils furent allés	ils seront allés

CONDITIONNEL

PRÉSENT	PASSÉ 1re FORME	PASSÉ 2e FORME
j' irais	je serais allé	je fusse allé
tu irais	tu serais allé	tu fusses allé
il irait	il serait allé	il fût allé
nous irions	nous serions allés	nous fussions allés
vous iriez	vous seriez allés	vous fussiez allés
ils iraient	ils seraient allés	ils fussent allés

PARTICIPE

PRÉSENT

allant

PASSÉ

allé, ée
étant allé

SUBJONCTIF

PRÉSENT	IMPARFAIT	PASSÉ	PLUS-QUE-PARFAIT
que j' aille	que j' allasse	que je sois allé	que je fusse allé
que tu ailles	que tu allasses	que tu sois allé	que tu fusses allé
qu' il aille	qu' il allât	qu' il soit allé	qu' il fût allé
que nous allions	que nous allassions	que nous soyons allés	que nous fussions allés
que vous alliez	que vous allassiez	que vous soyez allés	que vous fussiez allés
qu' ils aillent	qu' ils allassent	qu' ils soient allés	qu' ils fussent allés

IMPÉRATIF

PRÉSENT	PASSÉ
va	sois allé
allons	soyons allés
allez	soyez allés

INFINITIF

PRÉSENT	PASSÉ
aller	être allé

Savoir

TROISIÈME GROUPE

Aucun autre verbe ne se conjugue sur le même modèle que *savoir*.

INDICATIF

PRÉSENT	IMPARFAIT	PASSÉ SIMPLE	FUTUR SIMPLE
je sais	je savais	je sus	je saurai
tu sais	tu savais	tu sus	tu sauras
il sait	il savait	il sut	il saura
nous savons	nous savions	nous sûmes	nous saurons
vous savez	vous saviez	vous sûtes	vous saurez
ils savent	ils savaient	ils surent	ils sauront

PASSÉ COMPOSÉ	PLUS-QUE-PARFAIT	PASSÉ ANTÉRIEUR	FUTUR ANTÉRIEUR
j' ai su	j' avais su	j' eus su	j' aurai su
tu as su	tu avais su	tu eus su	tu auras su
il a su	il avait su	il eut su	il aura su
nous avons su	nous avions su	nous eûmes su	nous aurons su
vous avez su	vous aviez su	vous eûtes su	vous aurez su
ils ont su	ils avaient su	ils eurent su	ils auront su

CONDITIONNEL

PRÉSENT	PASSÉ 1re FORME	PASSÉ 2e FORME
je saurais	j' aurais su	j' eusse su
tu saurais	tu aurais su	tu eusses su
il saurait	il aurait su	il eût su
nous saurions	nous aurions su	nous eussions su
vous sauriez	vous auriez su	vous eussiez su
ils sauraient	ils auraient su	ils eussent su

PARTICIPE

PRÉSENT	PASSÉ
sachant	su, ue ayant su

SUBJONCTIF

PRÉSENT	IMPARFAIT	PASSÉ	PLUS-QUE-PARFAIT
que je sache	que je susse	que j' aie su	que j' eusse su
que tu saches	que tu susses	que tu aies su	que tu eusses su
qu' il sache	qu' il sût	qu' il ait su	qu' il eût su
que nous sachions	que nous sussions	que nous ayons su	que nous eussions su
que vous sachiez	que vous sussiez	que vous ayez su	que vous eussiez su
qu' ils sachent	qu' ils sussent	qu' ils aient su	qu' ils eussent su

IMPÉRATIF

PRÉSENT	PASSÉ
sache	aie su
sachons	ayons su
sachez	ayez su

INFINITIF

PRÉSENT	PASSÉ
savoir	avoir su

Devoir

TROISIÈME GROUPE

Se conjugue comme *devoir* : *redevoir*.
Ces deux verbes prennent un accent circonflexe au participe passé masculin singulier seulement : *dû, redû*. Mais on écrit sans accent : *due, dus, dues, redue, redus, redues*.

INDICATIF

PRÉSENT	IMPARFAIT	PASSÉ SIMPLE	FUTUR SIMPLE
je dois	je devais	je dus	je devrai
tu dois	tu devais	tu dus	tu devras
il doit	il devait	il dut	il devra
nous devons	nous devions	nous dûmes	nous devrons
vous devez	vous deviez	vous dûtes	vous devrez
ils doivent	ils devaient	ils durent	ils devront

PASSÉ COMPOSÉ	PLUS-QUE-PARFAIT	PASSÉ ANTÉRIEUR	FUTUR ANTÉRIEUR
j' ai dû	j' avais dû	j' eus dû	j' aurai dû
tu as dû	tu avais dû	tu eus dû	tu auras dû
il a dû	il avait dû	il eut dû	il aura dû
nous avons dû	nous avions dû	nous eûmes dû	nous aurons dû
vous avez dû	vous aviez dû	vous eûtes dû	vous aurez dû
ils ont dû	ils avaient dû	ils eurent dû	ils auront dû

CONDITIONNEL

PRÉSENT	PASSÉ 1re FORME	PASSÉ 2e FORME
je devrais	j' aurais dû	j' eusse dû
tu devrais	tu aurais dû	tu eusses dû
il devrait	il aurait dû	il eût dû
nous devrions	nous aurions dû	nous eussions dû
vous devriez	vous auriez dû	vous eussiez dû
ils devraient	ils auraient dû	ils eussent dû

PARTICIPE

PRÉSENT

devant

PASSÉ

dû, ue
ayant dû

SUBJONCTIF

PRÉSENT	IMPARFAIT	PASSÉ	PLUS-QUE-PARFAIT
que je doive	que je dusse	que j' aie dû	que j' eusse dû
que tu doives	que tu dusses	que tu aies dû	que tu eusses dû
qu' il doive	qu' il dût	qu' il ait dû	qu' il eût dû
que nous devions	que nous dussions	que nous ayons dû	que nous eussions dû
que vous deviez	que vous dussiez	que vous ayez dû	que vous eussiez dû
qu' ils doivent	qu' ils dussent	qu' ils aient dû	qu' ils eussent dû

IMPÉRATIF

PRÉSENT	PASSÉ
dois	aie dû
devons	ayons dû
devez	ayez dû

INFINITIF

PRÉSENT	PASSÉ
devoir	avoir dû

Prendre

TROISIÈME GROUPE

Se conjuguent comme *prendre* : *apprendre, comprendre, dépendre, désapprendre, entreprendre, s'éprendre, se méprendre, réapprendre, reprendre, surprendre.*

INDICATIF

PRÉSENT	IMPARFAIT	PASSÉ SIMPLE	FUTUR SIMPLE
je prends	je prenais	je pris	je prendrai
tu prends	tu prenais	tu pris	tu prendras
il prend	il prenait	il prit	il prendra
nous prenons	nous prenions	nous prîmes	nous prendrons
vous prenez	vous preniez	vous prîtes	vous prendrez
ils prennent	ils prenaient	ils prirent	ils prendront

PASSÉ COMPOSÉ	PLUS-QUE-PARFAIT	PASSÉ ANTÉRIEUR	FUTUR ANTÉRIEUR
j' ai pris	j' avais pris	j' eus pris	j' aurai pris
tu as pris	tu avais pris	tu eus pris	tu auras pris
il a pris	il avait pris	il eut pris	il aura pris
nous avons pris	nous avions pris	nous eûmes pris	nous aurons pris
vous avez pris	vous aviez pris	vous eûtes pris	vous aurez pris
ils ont pris	ils avaient pris	ils eurent pris	ils auront pris

CONDITIONNEL

PRÉSENT	PASSÉ 1re FORME	PASSÉ 2e FORME
je prendrais	j' aurais pris	j' eusse pris
tu prendrais	tu aurais pris	tu eusses pris
il prendrait	il aurait pris	il eût pris
nous prendrions	nous aurions pris	nous eussions pris
vous prendriez	vous auriez pris	vous eussiez pris
ils prendraient	ils auraient pris	ils eussent pris

PARTICIPE

PRÉSENT

prenant

PASSÉ

pris, prise
ayant pris

SUBJONCTIF

PRÉSENT	IMPARFAIT	PASSÉ	PLUS-QUE-PARFAIT
que je prenne	que je prisse	que j' aie pris	que j' eusse pris
que tu prennes	que tu prisses	que tu aies pris	que tu eusses pris
qu' il prenne	qu' il prît	qu' il ait pris	qu' il eût pris
que nous prenions	que nous prissions	que nous ayons pris	que nous eussions pris
que vous preniez	que vous prissiez	que vous ayez pris	que vous eussiez pris
qu' ils prennent	qu' ils prissent	qu' ils aient pris	qu' ils eussent pris

IMPÉRATIF

PRÉSENT	PASSÉ
prends	aie pris
prenons	ayons pris
prenez	ayez pris

INFINITIF

PRÉSENT	PASSÉ
prendre	avoir pris

Voir

TROISIÈME GROUPE

Se conjuguent comme *voir* : *entrevoir, revoir, prévoir. Prévoir* a la forme suivante au futur et au conditionnel : *je prévoirai, je prévoirais.*

INDICATIF

PRÉSENT	IMPARFAIT	PASSÉ SIMPLE	FUTUR SIMPLE
je vois	je voyais	je vis	je verrai
tu vois	tu voyais	tu vis	tu verras
il voit	il voyait	il vit	il verra
nous voyons	nous voyions	nous vîmes	nous verrons
vous voyez	vous voyiez	vous vîtes	vous verrez
ils voient	ils voyaient	ils virent	ils verront

PASSÉ COMPOSÉ	PLUS-QUE-PARFAIT	PASSÉ ANTÉRIEUR	FUTUR ANTÉRIEUR
j' ai vu	j' avais vu	j' eus vu	j' aurai vu
tu as vu	tu avais vu	tu eus vu	tu auras vu
il a vu	il avait vu	il eut vu	il aura vu
nous avons vu	nous avions vu	nous eûmes vu	nous aurons vu
vous avez vu	vous aviez vu	vous eûtes vu	vous aurez vu
ils ont vu	ils avaient vu	ils eurent vu	ils auront vu

CONDITIONNEL

PRÉSENT	PASSÉ 1re FORME	PASSÉ 2e FORME
je verrais	j' aurais vu	j' eusse vu
tu verrais	tu aurais vu	tu eusses vu
il verrait	il aurait vu	il eût vu
nous verrions	nous aurions vu	nous eussions vu
vous verriez	vous auriez vu	vous eussiez vu
ils verraient	ils auraient vu	ils eussent vu

PARTICIPE

PRÉSENT

voyant

PASSÉ

vu, ue
ayant vu

SUBJONCTIF

PRÉSENT	IMPARFAIT	PASSÉ	PLUS-QUE-PARFAIT
que je voie	que je visse	que j' aie vu	que j' eusse vu
que tu voies	que tu visses	que tu aies vu	que tu eusses vu
qu' il voie	qu' il vît	qu' il ait vu	qu' il eût vu
que nous voyions	que nous vissions	que nous ayons vu	que nous eussions vu
que vous voyiez	que vous vissiez	que vous ayez vu	que vous eussiez vu
qu' ils voient	qu' ils vissent	qu' ils aient vu	qu' ils eussent vu

IMPÉRATIF

PRÉSENT	PASSÉ
vois	aie vu
voyons	ayons vu
voyez	ayez vu

INFINITIF

PRÉSENT	PASSÉ
voir	avoir vu

Pouvoir

TROISIÈME GROUPE

Le verbe pouvoir a deux formes à la 1re personne du singulier au présent de l'indicatif : *je peux* ou *je puis*. À la forme interrogative, on n'emploie pas * *peux-je* ? mais *puis-je* ?

INDICATIF

PRÉSENT	IMPARFAIT	PASSÉ SIMPLE	FUTUR SIMPLE
je peux	je pouvais	je pus	je pourrai
ou je puis	tu pouvais	tu pus	tu pourras
tu peux	il pouvait	il put	il pourra
il peut	nous pouvions	nous pûmes	nous pourrons
nous pouvons	vous pouviez	vous pûtes	vous pourrez
vous pouvez	ils pouvaient	ils purent	ils pourront
ils peuvent			

PASSÉ COMPOSÉ	PLUS-QUE-PARFAIT	PASSÉ ANTÉRIEUR	FUTUR ANTÉRIEUR
j' ai pu	j' avais pu	j' eus pu	j' aurai pu
tu as pu	tu avais pu	tu eus pu	tu auras pu
il a pu	il avait pu	il eut pu	il aura pu
nous avons pu	nous avions pu	nous eûmes pu	nous aurons pu
vous avez pu	vous aviez pu	vous eûtes pu	vous aurez pu
ils ont pu	ils avaient pu	ils eurent pu	ils auront pu

CONDITIONNEL

PRÉSENT	PASSÉ 1re FORME	PASSÉ 2e FORME
je pourrais	j' aurais pu	j' eusse pu
tu pourrais	tu aurais pu	tu eusses pu
il pourrait	il aurait pu	il eût pu
nous pourrions	nous aurions pu	nous eussions pu
vous pourriez	vous auriez pu	vous eussiez pu
ils pourraient	ils auraient pu	ils eussent pu

PARTICIPE

PRÉSENT

pouvant

PASSÉ

pu
ayant pu

SUBJONCTIF

PRÉSENT	IMPARFAIT	PASSÉ	PLUS-QUE-PARFAIT
que je puisse	que je pusse	que j' aie pu	que j' eusse pu
que tu puisses	que tu pusses	que tu aies pu	que tu eusses pu
qu' il puisse	qu' il pût	qu' il ait pu	qu'il eût pu
que nous puissions	que nous pussions	que nous ayons pu	que nous eussions pu
que vous puissiez	que vous pussiez	que vous ayez pu	que vous eussiez pu
qu' ils puissent	qu' ils pussent	qu' ils aient pu	qu' ils eussent pu

IMPÉRATIF

pas d'impératif

INFINITIF

PRÉSENT	PASSÉ
pouvoir	avoir pu

Croire

TROISIÈME GROUPE

Aucun autre verbe ne se conjugue sur le modèle de *croire*, excepté *accroire*.

INDICATIF

PRÉSENT	IMPARFAIT	PASSÉ SIMPLE	FUTUR SIMPLE
je crois	je croyais	je crus	je croirai
tu crois	tu croyais	tu crus	tu croiras
il croit	il croyait	il crut	il croira
nous croyons	nous croyions	nous crûmes	nous croirons
vous croyez	vous croyiez	vous crûtes	vous croirez
ils croient	ils croyaient	ils crurent	ils croiront

PASSÉ COMPOSÉ	PLUS-QUE-PARFAIT	PASSÉ ANTÉRIEUR	FUTUR ANTÉRIEUR
j' ai cru	j' avais cru	j' eus cru	j' aurai cru
tu as cru	tu avais cru	tu eus cru	tu auras cru
il a cru	il avait cru	il eut cru	il aura cru
nous avons cru	nous avions cru	nous eûmes cru	nous aurons cru
vous avez cru	vous aviez cru	vous eûtes cru	vous aurez cru
ils ont cru	ils avaient cru	ils eurent cru	ils auront cru

CONDITIONNEL

PRÉSENT	PASSÉ 1re FORME	PASSÉ 2e FORME
je croirais	j' aurais cru	j' eusse cru
tu croirais	tu aurais cru	tu eusses cru
il croirait	il aurait cru	il eût cru
nous croirions	nous aurions cru	nous eussions cru
vous croiriez	vous auriez cru	vous eussiez cru
ils croiraient	ils auraient cru	ils eussent cru

PARTICIPE

PRÉSENT

croyant

PASSÉ

cru, ue
ayant cru

SUBJONCTIF

PRÉSENT	IMPARFAIT	PASSÉ	PLUS-QUE-PARFAIT
que je croie	que je crusse	que j' aie cru	que j' eusse cru
que tu croies	que tu crusses	que tu aies cru	que tu eusses cru
qu' il croie	qu' il crût	qu' il ait cru	qu il eût cru
que nous croyions	que nous crussions	que nous ayons cru	que nous eussions cru
que vous croyiez	que vous crussiez	que vous ayez cru	que vous eussiez cru
qu' ils croient	qu' ils crussent	qu' ils aient cru	qu' ils eussent cru

IMPÉRATIF

PRÉSENT	PASSÉ
crois	aie cru
croyons	ayons cru
croyez	ayez cru

INFINITIF

PRÉSENT	PASSÉ
croire	avoir cru

Faire

TROISIÈME GROUPE

Se conjuguent comme *faire : contrefaire, défaire, forfaire, malfaire, méfaire, parfaire, redéfaire, refaire, satisfaire, surfaire.*

INDICATIF

PRÉSENT	IMPARFAIT	PASSÉ SIMPLE	FUTUR SIMPLE
je fais	je faisais	je fis	je ferai
tu fais	tu faisais	tu fis	tu feras
il fait	il faisait	il fit	il fera
nous faisons	nous faisions	nous fîmes	nous ferons
vous faites	vous faisiez	vous fîtes	vous ferez
ils font	ils faisaient	ils firent	ils feront

PASSÉ COMPOSÉ	PLUS-QUE-PARFAIT	PASSÉ ANTÉRIEUR	FUTUR ANTÉRIEUR
j' ai fait	j' avais fait	j' eus fait	j' aurai fait
tu as fait	tu avais fait	tu eus fait	tu auras fait
il a fait	il avait fait	il eut fait	il aura fait
nous avons fait	nous avions fait	nous eûmes fait	nous aurons fait
vous avez fait	vous aviez fait	vous eûtes fait	vous aurez fait
ils ont fait	ils avaient fait	ils eurent fait	ils auront fait

CONDITIONNEL

PRÉSENT	PASSÉ 1re FORME	PASSÉ 2e FORME
je ferais	j' aurais fait	j' eusse fait
tu ferais	tu aurais fait	tu eusses fait
il ferait	il aurait fait	il eût fait
nous ferions	nous aurions fait	nous eussions fait
vous feriez	vous auriez fait	vous eussiez fait
ils feraient	ils auraient fait	ils eussent fait

PARTICIPE

PRÉSENT	PASSÉ
faisant	fait, te ayant fait

SUBJONCTIF

PRÉSENT	IMPARFAIT	PASSÉ	PLUS-QUE-PARFAIT
que je fasse	que je fisse	que j' aie fait	que j' eusse fait
que tu fasses	que tu fisses	que tu aies fait	que tu eusses fait
qu' il fasse	qu' il fît	qu' il ait fait	qu' il eût fait
que nous fassions	que nous fissions	que nous ayons fait	que nous eussions fait
que vous fassiez	que vous fissiez	que vous ayez fait	que vous eussiez fait
qu' ils fassent	qu' ils fissent	qu' ils aient fait	qu' ils eussent fait

IMPÉRATIF

PRÉSENT	PASSÉ
fais	aie fait
faisons	ayons fait
faites	ayez fait

INFINITIF

PRÉSENT	PASSÉ
faire	avoir fait

Vivre

TROISIÈME GROUPE

Se conjuguent comme vivre : *revivre* et *survivre*.
Le participe passé de *survivre* est toujours invariable.

INDICATIF

PRÉSENT	IMPARFAIT	PASSÉ SIMPLE	FUTUR SIMPLE
je vis	je vivais	je vécus	je vivrai
tu vis	tu vivais	tu vécus	tu vivras
il vit	il vivait	il vécut	il vivra
nous vivons	nous vivions	nous vécûmes	nous vivrons
vous vivez	vous viviez	vous vécûtes	vous vivrez
ils vivent	ils vivaient	ils vécurent	ils vivront

PASSÉ COMPOSÉ	PLUS-QUE-PARFAIT	PASSÉ ANTÉRIEUR	FUTUR ANTÉRIEUR
j' ai vécu	j' avais vécu	j' eus vécu	j' aurai vécu
tu as vécu	tu avais vécu	tu eus vécu	tu auras vécu
il a vécu	il avait vécu	il eut vécu	il aura vécu
nous avons vécu	nous avions vécu	nous eûmes vécu	nous aurons vécu
vous avez vécu	vous aviez vécu	vous eûtes vécu	vous aurez vécu
ils ont vécu	ils avaient vécu	ils eurent vécu	ils auront vécu

CONDITIONNEL

PRÉSENT	PASSÉ 1re FORME	PASSÉ 2e FORME
je vivrais	j' aurais vécu	j' eusse vécu
tu vivrais	tu aurais vécu	tu eusses vécu
il vivrait	il aurait vécu	il eût vécu
nous vivrions	nous aurions vécu	nous eussions vécu
vous vivriez	vous auriez vécu	vous eussiez vécu
ils vivraient	ils auraient vécu	ils eussent vécu

PARTICIPE

PRÉSENT

vivant

PASSÉ

vécu
ayant vécu

SUBJONCTIF

PRÉSENT	IMPARFAIT	PASSÉ	PLUS-QUE-PARFAIT
que je vive	que je vécusse	que j' aie vécu	que j' eusse vécu
que tu vives	que tu vécusses	que tu aies vécu	que tu eusses vécu
qu' il vive	qu' il vécût	qu' il ait vécu	qu' il eût vécu
que nous vivions	que nous vécussions	que nous ayons vécu	que nous eussions vécu
que vous viviez	que vous vécussiez	que vous ayez vécu	que vous eussiez vécu
qu' ils vivent	qu' ils vécussent	qu' ils aient vécu	qu' ils eussent vécu

IMPÉRATIF

PRÉSENT	PASSÉ
vis	aie vécu
vivons	ayons vécu
vivez	ayez vécu

INFINITIF

PRÉSENT	PASSÉ
vivre	avoir vécu

Dire

TROISIÈME GROUPE

Se conjugue comme *dire* : *redire*. Mais *contredire, dédire, interdire, médire* et *prédire* ont, au présent de l'indicatif et de l'impératif, les formes suivantes : *(vous) contredisez, dédisez, interdisez, médisez, prédisez.*

INDICATIF

PRÉSENT	IMPARFAIT	PASSÉ SIMPLE	FUTUR SIMPLE
je dis	je disais	je dis	je dirai
lu dis	tu disais	tu dis	tu diras
il dit	il disait	il dit	il dira
nous disons	nous disions	nous dîmes	nous dirons
vous dites	vous disiez	vous dîtes	vous direz
ils disent	ils disaient	ils dirent	ils diront

PASSÉ COMPOSÉ	PLUS-QUE-PARFAIT	PASSÉ ANTÉRIEUR	FUTUR ANTÉRIEUR
j' ai dit	j' avais dit	j' eus dit	j' aurai dit
tu as dit	tu avais dit	tu eus dit	tu auras dit
il a dit	il avait dit	il eut dit	il aura dit
nous avons dit	nous avions dit	nous eûmes dit	nous aurons dit
vous avez dit	vous aviez dit	vous eûtes dit	vous aurez dit
ils ont dit	ils avaient dit	ils eurent dit	ils auront dit

CONDITIONNEL

PRÉSENT	PASSÉ 1re FORME	PASSÉ 2e FORME
je dirais	j' aurais dit	j' eusse dit
tu dirais	tu aurais dit	tu eusses dit
il dirait	il aurait dit	il eût dit
nous dirions	nous aurions dit	nous eussions dit
vous diriez	vous auriez dit	vous eussiez dit
ils diraient	ils auraient dit	ils eussent dit

PARTICIPE

PRÉSENT

disant

PASSÉ

dit, ite
ayant dit

SUBJONCTIF

PRÉSENT	IMPARFAIT	PASSÉ	PLUS-QUE-PARFAIT
que je dise	que je disse	que j' aie dit	que j' eusse dit
que tu dises	que tu disses	que tu aies dit	que tu eusses dit
qu' il dise	qu' il dît	qu' il ait dit	qu' il eût dit
que nous disions	que nous dissions	que nous ayons dit	que nous eussions dit
que vous disiez	que vous dissiez	que vous ayez dit	que vous eussiez dit
qu' ils disent	qu' ils dissent	qu' ils aient dit	qu' ils eussent dit

IMPÉRATIF

PRÉSENT	PASSÉ
dis	aie dit
disons	ayons dit
dites	ayez dit

INFINITIF

PRÉSENT	PASSÉ
dire	avoir dit

Craindre

TROISIÈME GROUPE

Se conjuguent comme *craindre* : *contraindre, plaindre.*

INDICATIF

PRÉSENT	IMPARFAIT	PASSÉ SIMPLE	FUTUR SIMPLE
je crains	je craignais	je craignis	je craindrai
tu crains	tu craignais	tu craignis	tu craindras
il craint	il craignait	il craignit	il craindra
nous craignons	nous craignions	nous craignîmes	nous craindrons
vous craignez	vous craigniez	vous craignîtes	vous craindrez
ils craignent	ils craignaient	ils craignirent	ils craindront

PASSÉ COMPOSÉ	PLUS-QUE-PARFAIT	PASSÉ ANTÉRIEUR	FUTUR ANTÉRIEUR
j' ai craint	j' avais craint	j' eus craint	j' aurai craint
tu as craint	tu avais craint	tu eus craint	tu auras craint
il a craint	il avait craint	il eut craint	il aura craint
nous avons craint	nous avions craint	nous eûmes craint	nous aurons craint
vous avez craint	vous aviez craint	vous eûtes craint	vous aurez craint
ils ont craint	ils avaient craint	ils eurent craint	ils auront craint

CONDITIONNEL

PRÉSENT	PASSÉ 1re FORME	PASSÉ 2e FORME
je craindrais	j' aurais craint	j' eusse craint
tu craindrais	tu aurais craint	tu eusses craint
il craindrait	il aurait craint	il eût craint
nous craindrions	nous aurions craint	nous eussions craint
vous craindriez	vous auriez craint	vous eussiez craint
ils craindraient	ils auraient craint	ils eussent craint

PARTICIPE

PRÉSENT

craignant

PASSÉ

craint, ainte
ayant craint

SUBJONCTIF

PRÉSENT	IMPARFAIT	PASSÉ	PLUS-QUE-PARFAIT
que je craigne	que je craignisse	que j' aie craint	que j' eusse craint
que tu craignes	que tu craignisses	que tu aies craint	que tu eusses craint
qu' il craigne	qu' il craignît	qu' il ait craint	qu' il eût craint
que nous craignions	que nous craignissions	que nous ayons craint	que nous eussions craint
que vous craigniez	que vous craignissiez	que vous ayez craint	que vous eussiez craint
qu' ils craignent	qu' ils craignissent	qu'ils aient craint	qu' ils eussent craint

IMPÉRATIF

PRÉSENT	PASSÉ
crains	aie craint
craignons	ayons craint
craignez	ayez craint

INFINITIF

PRÉSENT	PASSÉ
craindre	avoir craint

Écrire

TROISIÈME GROUPE

Se conjuguent comme *écrire* : *récrire, décrire, circonscrire, inscrire, prescrire, proscrire, réinscrire, retranscrire, souscrire, transcrire.*

INDICATIF

PRÉSENT	IMPARFAIT	PASSÉ SIMPLE	FUTUR SIMPLE
j' écris	j' écrivais	j' écrivis	j' écrirai
tu écris	tu écrivais	tu écrivis	tu écriras
il écrit	il écrivait	il écrivit	il écrira
nous écrivons	nous écrivions	nous écrivîmes	nous écrirons
vous écrivez	vous écriviez	vous écrivîtes	vous écrirez
ils écrivent	ils écrivaient	ils écrivirent	ils écriront

PASSÉ COMPOSÉ	PLUS-QUE-PARFAIT	PASSÉ ANTÉRIEUR	FUTUR ANTÉRIEUR
j' ai écrit	j' avais écrit	j' eus écrit	j' aurai écrit
tu as écrit	tu avais écrit	tu eus écrit	tu auras écrit
il a écrit	il avait écrit	il eut écrit	il aura écrit
nous avons écrit	nous avions écrit	nous eûmes écrit	nous aurons écrit
vous avez écrit	vous aviez écrit	vous eûtes écrit	vous aurez écrit
ils ont écrit	ils avaient écrit	ils eurent écrit	ils auront écrit

CONDITIONNEL

PRÉSENT	PASSÉ 1re FORME	PASSÉ 2e FORME
j' écrirais	j' aurais écrit	j' eusse écrit
tu écrirais	tu aurais écrit	tu eusses écrit
il écrirait	il aurait écrit	il eût écrit
nous écririons	nous aurions écrit	nous eussions écrit
vous écririez	vous auriez écrit	vous eussiez écrit
ils écriraient	ils auraient écrit	ils eussent écrit

PARTICIPE

PRÉSENT

écrivant

PASSÉ

écrit, écrite
ayant écrit

SUBJONCTIF

PRÉSENT	IMPARFAIT	PASSÉ	PLUS-QUE-PARFAIT
que j' écrive	que j' écrivisse	que j' aie écrit	que j' eusse écrit
que tu écrives	que tu écrivisses	que tu aies écrit	que tu eusses écrit
qu' il écrive	qu' il écrivît	qu' il ait écrit	qu' il eût écrit
que nous écrivions	que nous écrivissions	que nous ayons écrit	que nous eussions écrit
que vous écriviez	que vous écrivissiez	que vous ayez écrit	que vous eussiez écrit
qu' ils écrivent	qu' ils écrivissent	qu' ils aient écrit	qu' ils eussent écrit

IMPÉRATIF

PRÉSENT	PASSÉ
écris	aie écrit
écrivons	ayons écrit
écrivez	ayez écrit

INFINITIF

PRÉSENT	PASSÉ
écrire	avoir écrit

CORRIGÉS

PAGE 7

1 1. Aérateur, aération, aérer, aérien, air. 2. Salaire, salaison, saler, salière, sel, seller. 3. Berge, berger, bergère, bergerie, bergeronette. 4. Grain, grainetier, granivore, grenier, grenu. 5. Ide, idéal, idéalement, idéalisation, idée.

2 1. Cerf, chat, geai, gorille, marcassin, moustique, tarentule, truie. 2. Bécassine, belette, bouc, cerf, chat, écrevisse, geai, gorille, marcassin, mouche, moustique, porc-épic, renard, rossignol, tarentule, truie, vache, vairon.

3 1. Monocle. 2. Kimono. 3. Xylophage. 4. Égalitaire. 5. Premier.

4 Boucher, boulanger, boulangère, cuisinier, garagiste, géologue, grainetier, informaticien, instituteur, institutrice, physicien, plombier, plongeur, pompier, publiciste, publicitaire, routier.

PAGE 15

1 1. Des tribunes furent installées pour le jour de la fête. 2. À quelle heure commence le spectacle ? 3. Le décor est somptueux et les costumes magnifiques ! 4. Les enfants battaient des mains, battaient des pieds, trépignaient d'impatience. 5. Le buffet offrait toutes sortes de bonnes choses : des meringues craquantes, des pâtes d'amande...

2 Mais, moi, je t'aurais tout donné, j'aurais tout vendu, j'aurais travaillé de mes mains, j'aurais mendié sur les routes, pour un sourire, pour un regard, pour t'entendre dire : " Merci ! " et tu restes là tranquillement dans ton fauteuil, comme si déjà tu ne m'avais pas fait assez souffrir...

PAGE 17

1 1. J'avais oublié durant ce séjour que la réalité était si différente. 2. Elle n'est jamais tout à fait la même. 3 Le Rhône était si glacé ce matin-là ! 4. Il a changé à tel point que personne ne l'a reconnu. 5. Nous arrivâmes à l'époque où tous les fruits sont mûrs.

2 1. à. 2. a, à. 3. a, à. 4. à, a, à, a. 5. a, à, a, à, à. 6. à, a. 7. a, à.

3 1. où, ou. 2. où, où. 3. ou. 4. ou. 5. où, ou.

4 1. il boite. 2. cette boîte. 3. une côte. 4. cotées.

PAGE 19

1 Apesanteur, aphone, athée, déshériter, désordre, désunir, illégal, immobile.

2 *Autodéfense* = action de se défendre soi-même.
Autobus = moyen de transport citadin collectif.
Auto-stop = action d'arrêter un véhicule pour se faire transporter.
Autocollant = adhésif prêt à l'usage (sans addition de colle).
Autodiscipline = action de se discipliner soi-même.
Autoradio = radio installée dans une voiture.
Autocensure = action de se censurer soi-même.
Autocar = moyen de transport collectif.
Automate = objet ou machine qui fonctionne seul.
Autorail = moyen de transport circulant sur le rail.

3 Hippocampe, hypodermique, hypogée, hippologie, hippomobile, hippophage, hippopotame, hypotension, hypoténuse.

PAGE 21

1 Boulangerie, boucherie, blanchisserie, laverie, menuiserie, cimenterie, joaillerie, jardinerie, ébénisterie, mercerie, papeterie, poissonnerie, coutellerie, verrerie, épicerie, cordonnerie, savonnerie, sucrerie, tuilerie, briqueterie, marbrerie, librairie, crémerie, charcuterie, teinturerie, vannerie, graineterie, tannerie, laiterie, etc.

2 *Une action* : témoignage, bavardage, jardinage, savonnage, curage, marchandage, courtage, couplage, remblayage, labourage, forage, perçage, meulage, assemblage, etc.
Un ensemble : équipage, attelage, pâturage, outillage, paquetage, etc.

3 1. *Les noms féminins* : hauteur, lourdeur, profondeur, grosseur, rumeur.
2. *Les noms masculins* : sauteur, marcheur, nageur, correcteur, démarcheur.

4 *Une qualité* : pitié, piété, honnêteté, charité, efficacité, loyauté, maturité, rapidité, habileté, générosité, etc.
Un contenu : charretée, cuillerée, pelletée, bolée, assiettée, platée, fourchée, becquée, etc.

5 Chauffard, fêtard, godasse, vinasse, mangeaille, marâtre.

6 Lillois, Aixois, Marseillais, Arcachonnais, Arlésien, Bordelais, Calaisien, Dieppois, Orléanais, Saint-Cyrien, Toulousain, Vichyssois.

7 *Terre* : terrain, atterrir, atterrissage, souterrain, enterrer, enterrement, terrasser, terrasse, terrassement, etc.
Neige : neigeux, enneiger, enneigement, désenneiger, etc.
Laid : laideur, laideron, enlaidir, enlaidissement, désenlaidir, etc.
Joli : joliesse, joliment, enjoliver, enjolivement.
Court : écourter, raccourcir, raccourcissement, etc.
Ivre : ivresse, enivrer, enivrement, désenivrer, etc.
Os : osseux, ossement, désosser, osselet, ossature, ossification, ossuaire, osséine, ostéopathie, etc.

PAGE 23

1 **1**. L'habitant des villes respire un air moins pur que l'habitant des campagnes. **2**. L'Europe est située dans l'hémisphère nord. **3**. Le duvet de canard sert à faire des/les édredons. **4**. L'éponge est un produit animal. **5**. C'est un/du tissu soyeux. **6**. La foule s'est précipitée sur le lieu de l'accident. **7**. Attention en descendant l'escalier, un accident est vite arrivé. **8**. Les animaux ont une perception des couleurs différente de celle des humains. **9**. Faites bouillir le/du lait dans une petite casserole avec la vanille.

2 **1**. un. **2**. une. **3**. un. **4**. un. **5**. un/une. **6**. un. **7**. un. **8**. une. **9**. une. **10**. un. **11**. un. **12**. une. **13**. un. **14**. un. **15**. un. **16**. une. **17**. une. **18**. une. **19**. un. **20**. un. **21**. une. **22**. une. **23**. un. **24**. un.

3 **1**. Il a marché toute la nuit pour réussir. **2**. Elle l'a accompagnée simplement pour la rassurer. **3**. Là, la terre est plus rouge qu'ailleurs. **4**. Je la tiens avec force. **5**. Cette place-là est très ensoleillée. **6**. Retrouvez la rue où elle l'a reconnu.

4 **1**. du : article partitif. **2**. du : article défini. **3**. de la : article partitif. **4**. du : article partitif. **5**. du : article défini. **6**. du : article partitif. **7**. du : article défini. **8**. de la : article défini. **9**. de la : article partitif. **10**. de la : article défini.

PAGE 25

1 Grâce à nos *techniciens*, un excellent *accueil* vous est réservé afin de choisir l'*instrument* de vos *rêves* : ne louez plus votre *piano*, achetez-le. Livré avec sa *banquette*, nous vous garantissons la *reprise* en *cas* d'*abandon*.

2 Dans la 1re phrase :
Monsieur Joris : sujet – l'homme : attribut du sujet – dans l'ascenseur : c. circonstanciel de lieu – ce matin : c. circonstanciel de temps.
Dans la 2e phrase :
Ce monsieur : c. d'objet second – un message : c. d'objet direct.

3 Chère Élise,
Mon Dieu, quelle course en cette fin d'année ! Nous invitons toute ma famille et celle de Charles pour Noël, puis nous partons pour Lyon au Nouvel An. Ensuite il faudra préparer le déménagement. Nous nous installons début février dans notre nouvel appartement... et dans une nouvelle région. Charles est nommé directeur-adjoint du journal *Ensemble* en Alsace. Voici notre future adresse : 15 avenue du Président-Wilson, à Strasbourg. Si vous êtes libres à Pâques, pourquoi ne pas nous rendre visite ? Je t'embrasse, ainsi que Richard et Marine. Caroline.

PAGE 27

1 Une charcutière, un bélier, une chatte, un compagnon, une Parisienne, un oncle, un Lyonnais, une jument, un coq, une marchande, un étalon, une biche, une masseuse, un comte, une opératrice.

2 Une marchande, une travailleuse, une doctoresse, une poule, une voisine, une actrice, une patronne, une électricienne, une martienne, une combattante, une informaticienne, une maîtresse, une cousine, une acheteuse, une Londonienne, une lionne, une tigresse, une partisane, une conductrice, une éclaireuse.

3 Noms masculins : tournoi, effroi, convoi, emploi, désarroi, renvoi, roi, beffroi.
Noms féminins : loi, paroi, foi.

4 Une ancre, une bille, une cour, un comte, un cou, une croche, une eau, une ère, le foie, une grille, la lèvre, une mine, la mode, un pari, une poupe, une sandale, une tige, la tempe.

PAGE 29

1 Des loups – des sous – des genoux – des oiseaux – des gaz – des corps – des rails – des tombeaux – des emplois – des yeux – des régals – des bleus.

2 **1**. Des funérailles. **2**. Des obsèques. **3**. Des ténèbres.

3 Des chefs-lieux – des oiseaux-mouches – des loups-garous – des avocats-conseils – des idées-forces – des longs-courriers – des coffres-forts – des basses-cours.

PAGE 31

1 **1**. elle les adore. **2**. ne l'a pas. **3**. te la donnerai. **4**. elles sont ... les leur rendre. **5**. elle leur a fait. **6**. pour lui dire.

2 **1**. nous y reviendrons **2**. nous en avons **3**. la prévenir ... lui demande **4**. tu prends ... tu auras ... te garer. **5**. en est-il arrivé ... j'en suis ... le demander. **6**. y jeter.

3 **1**. leurs enfants. **2**. leur enverra. **3**. leur rendre leurs lunettes. **4**. leurs bouteilles. **5**. Donnez-leur. **6**. leur montrerons leurs erreurs. **7**. Prêtez-leur. **8**. Leurs voisins leur ont fait. **9**. leur sommes. **10**. Leur garage. **11**. Leurs fils. **12**. leur sourire.

PAGE 33

1 **1**. Non, aucun. **2**. À rien. **3**. Personne mieux que lui. **4**. Chacun fut récompensé. **5**. Savez-vous quelque chose ? Aucune d'entre elles. **6**. faire n'importe quoi. **7**. Personne (ou rien) n'arrive. **8**. Alors n'importe quoi. **9**. N'importe qui. **10**. Personne. **11**. Personne. **12**. Quelque chose.

2 **1**. On m'a donné. **2**. Ils ont. **3**. On raconte ... ont divorcé. **4**. qu'on se voie. **5**. n'ont pas répondu. **6**. t'ont invité. **7**. on dirait qu'on nous surveille. **8**. ont terminé. **9**. Comment fait-on. **10**. Je crois qu'on ... quand on a dépassé. **11**. Ils ont demandé ... on ne sait pas. **12**. On peut ... si on choisit.

3 **1**. Tout le monde. **2**. beaucoup/la plupart. **3**. certains/quelques-uns. **4**. on/personne ... rien. **5**. quelque chose. **6**. mais aucune ne correspond. **7**. Quelqu'un de mal intentionné. **8**. mais certains sont loin.

PAGE 35

1 La lettre à laquelle je pense doit être dans ce tiroir. – Les amies dont je t'ai parlé vont arriver. – C'est la ville où Martine a fait ses études. – Il a rencontré quelqu'un qui semble compétent. – Voici des arguments avec lesquels nous pourrons convaincre.

2 **1**. à laquelle ... dont. **2**. laquelle. **3**. auquel. **4**. auquel. **5**. où/dans laquelle. **6**. que. **7**. pour laquelle. **8**. où/à laquelle. **9**. qu'. **10**. pour laquelle. **11**. qui. **12**. que.

PAGE 37

1 **1**. qui. **2**. laquelle. **3**. Qui. **4**. laquelle. **5**. Qu'est-ce qui/ qui est-ce qui. **6**. laquelle. **7**. Lequel. **8**. De qui/de quoi. **9**. Quel. **10**. lequel/qui. **11**. duquel. **12**. que. **13**. qui. **14**. Lesquels. **15**. de quelle.

2 **1**. Qui : sujet du verbe *veut*. **2**. Que : c.o.d. du verbe *voyez*. **3**. lequel : c.o.d. du verbe *choisirais*. **4**. qui : c.o. indirect du verbe *compter*. **5**. lequel : c.o. indirect du verbe *voter*.

PAGE 39

1 **1**. ce que je veux. **2**. c'est celui. **3**. Ceux qui. **4**. de ceci. **5**. pas encore ce qu'ils. **6**. celle qui manque. **7**. déjà dit cela **8**. ceux d'hier. **9**. mais celui-ci. **10**. à personne ce que. **11**. Que ceux qui. **12**. Cela me semble. **13**. Il craint que cela

2 **1**. celle-là. **2**. Celui-ci revint, celui-là disparut. **3**. celui-ci longe... celui-là descend.

3 **1**. *celle-là* : c. d'objet indirect du verbe *avais confondu*. **2**. *Ça* : sujet du verbe *avait*. **3**. *cela* : c. d'objet direct du verbe *prenez*. **4**. *cela* : c. d'objet direct du verbe *paieras* ; *celui-ci* : sujet du verbe *a crié* ; *celui-là* : c. d'objet indirect du verbe *a crié*. **5**. *ça* : c. d'objet direct du verbe *répétez*. **6**. *Celui-ci* : sujet de *est*. **7**. *Ça* : sujet de *a* ; *c'* : sujet de *est*. **8**. *C'* : sujet de *est* ; *ça* : c. d'objet direct du verbe *expédier*. **9**. *celui-là* : en apposition. **10**. *ce* : c. d'objet direct du verbe *prends*.

PAGE 41

1 **1**. les siens/les nôtres/les leurs. **2**. le tien/le sien/le vôtre, le leur. **3**. les miens/les tiens/les nôtres/les vôtres/les leurs. **4**. le sien/le vôtre. **5**. les tiens/les siens/les vôtres/les leurs. **6**. la tienne/la sienne/la vôtre.

2 **1**. le leur. **2**. la tienne. **3**. la sienne. **4**. le nôtre. **5**. les miennes. **6**. le sien. **7**. la vôtre. **8**. les leurs. **9**. le tien. **10**. les siens.

3 **1**. la nôtre. **2**. le mien. **3**. les siennes. **4**. le sien. **5**. le tien. **6**. les nôtres. **7**. le mien. **8**. les miennes. **9**. la leur / la sienne.

4 **1**. le tien / le sien. **2**. des siens. **3**. le mien / le sien. **4**. la nôtre. **5**. des miennes / des siennes. **6**. les siens. **7**. les tiens. **8**. du tien. **9**. le mien / le nôtre / le tien / le vôtre. **10**. les tiennes / les siennes. **11**. des nôtres / des leurs. **12**. le tien.

5 **1**. les siens. **2**. la vôtre. **3**. la leur. **4**. le tien. **5**. les leurs. **6**. la sienne. **7**. le nôtre. **8**. les siennes. **9**. les vôtres. **10**. les miennes.

PAGE 43

1 **1**. Seul, remarquable, grande, encadrée (p. passé faisant fonction), rouge. **2**. nouvelle, dernière. **3**. régulière, indispensable, bon. **4**. officiel, perceptible. **5**. actuels, efficaces, silencieux.

2 Jolie, jeune, fraîche, pimpante, jolie, légère, impatiente, heureuse.

3 Adverse, approximatif, bruyant, difficile, divergent, fabuleux, harmonieux, impatient, nauséeux ou nauséabond, pondéral ou pondérable, publicitaire, qualificatif/qualifié/qualitatif, rigoureux, silencieux, unique/unitaire, vivant/vivable, honorable/honorifique, nocif.

4 Consommable, battant, ennuyeux, déductible, mettable, évolutif, recevable, serviable, trouvable, inventif, dansant.

5 Hargne, graisse, beauté, mollesse, paresse, spécialité, intégration, vengeance, sympathie, sécheresse, excellence.

6 Protéger, sauver, vieillir, créer, intensifier, coloniser, personnaliser, craindre, jalouser, creuser, humaniser.

PAGE 45

1 Basse, belle, blanche, caduque, enchanteresse, grasse, grosse, molle, mortelle, turque.

2 **1**. confuse. **2**. montagneuse. **3**. excellente. **4**. nette. **5**. ferme et définitive. **6**. claire et précise. **7**. bonne et heureuse.

3 **1**. sèche et ensoleillée. **2**. amoureuse. **3**. belle ... grecque. **4**. franche et éternelle. **5**. discrète. **6**. chevaline.

PAGE 47

1 **1**. bons. **2**. grands. **3**. sûrs. **4**. jaunes. **5**. bleus.

2 **1**. Des passages boueux – des allées boueuses.
2. Des chats craintifs – des poules craintives.
3. Des arbres creux – des branches creuses.
4. Des aliments secs – des figues sèches.

3 **1**. noirs. **2**. rouges, bruns, jaunes.

PAGE 49

1 **1**. Tout. **2**. Quelques. **3**. Aucune. **4**. plusieurs. **5**. certaines. **6**. N'importe quelle, n'importe quel. **7**. autres. **8**. maintes. **9**. Diverses. **10**. Nulle.

2 **1**. Quelles. **2**. Quel. **3**. quel. **4**. quelques. **5**. Chaque. **6**. mêmes. **7**. telles. **8**. quelques. **9**. quelque. **10**. Quelque.

3 **1**. Quels que. **2**. Quelles que. **3**. quels qu'. **4**. qu'elle. **5**. Quel. **6**. qu'elles.

PAGE 51

1 **1**. Ce. **2**. Cette. **3**. Ces. **4**. Cette. **5**. Cet. **6**. cette. **7**. ce. **8**. cette. **9**. Cet. **10**. Ce, ces.

2 **1**. ses. **2**. Ces. **3**. ces. **4**. Ses, ces. **5**. ses, ses.

3 **1**. Ce. **2**. se. **3**. ce. **4**. se, ce. **5**. se, ce.

4 **1**. Ce. **2**. ceux. **3**. Ceux. **4**. Ce. **5**. ce, ceux.

5 **1**. cette, cette. **2**. Cette fois-ci. **3**. cette année-là, ce, cette année-ci.

6 **1**. Cette allée est dangereuse. **2**. Cette programmation est convaincante. **3**. Sur cette initiative-là. **4**. Cette évaluation est positive. **5**. Ce parcours. **6**. Cette infâme personne.

PAGE 53

1 **1**. Son. **2**. sont. **3**. son. **4**. sont.

2 **1**. ma. **2**. m'a. **3**. m'a. **4**. m'a.

3 **1**. son, sa. **2**. Son, son, sa. **3**. Ses, son, son. **4**. Son, son, ses, ses.

4 **1**. Notre village. **2**. Ses papiers. **3**. Ses fleurs. **4**. Leurs épreuves. **5**. Votre voiture. **6**. Tes réserves.

PAGE 55

1 **1**. Adjectif. **2**. Pronom. **3**. Adjectif. **4**. Adverbe. **5**. Adjectif. **6**. Nom. **7**. Pronom. **8**. Pronom. **9**. Adjectif. **10**. Adverbe. **11**. Pronom, adjectif. **12**. Pronom

2 **1**. toutes. **2**. tout. **3**. toute. **4**. toute. **5**. toute. **6**. toute. **7**. tout. **8**. Toute. **9**. Toute. **10**. tout.

3 **1**. tout **2**. tout. **3**. tout. **4**. tout. **5**. tous. **6**. Tout. **7**. tous. **8**. tout. **9**. tout. **10**. tout.

4 **1**. toutes. **2**. tout. **3**. tout/tous. **4**. tout/tous. **5**. tout.

PAGE 57

1 **Action** : doucher - obtenir - toucher - avancer - grandir - disparaître - regarder - dépenser - prendre - espérer - mentir - mâcher. **État** : sembler - être - luire. **Sentiment** : s'émouvoir - enrager - s'ennuyer - craindre - espérer. **Perception** : toucher - voir. **Relation** : obtenir - dépendre.

2 **1**. s'est séparé. **2**. sont. **3**. a été retenue ou ont été retenues. **4**. décidera. **5**. trouait ou trouaient. **6**. aiment / imaginent.

3 **1**. a assisté. **2**. aurais préféré - sois. **3**. proposerons - peuvent - intéresser. **4**. faut - sois venu. **5**. feignait - dormir.

PAGE 59

Verbes du 1er groupe : marchander - créer - parlementer - exceller - dessiner - flamber - rétrograder.

Verbes du 2e groupe : pâlir - sertir - unir - frémir - alunir - envahir - grandir.
Verbes du 3e groupe : tordre - reconstruire - bouillir - subvenir - transparaître - pouvoir - entreprendre - s'abstenir - élire - restreindre - plaire - conduire - accroître - débattre - vaincre - choir.

PAGE 61

1 **1**. ont rongé : transitif direct. **2**. luit : intransitif. **3**. sentit : transitif direct. **4**. ai dîné : intransitif. **5**. a discouru : transitif indirect. **6**. a herborisé : intransitif. **7**. trépigne : intransitif ; contrarie : transitif direct. **8**. a été obligé : transitif indirect ; se séparer : transitif indirect. **9**. est revenu : intransitif. **10**. admet : transitif direct. **11**. fument : intransitif. **12**. a renoncé : transitif indirect.

2 **1**. est : verbe attributif. **2**. imite : transitif direct. **3**. a prospéré : intransitif ; a découvert : transitif direct. **4**. ont rassuré : transitif direct. **5**. était : verbe attributif ; a tempêté : intransitif. **6**. devrions : transitif direct ; décider : transitif indirect ; tailler : transitif direct. **7**. restez : intransitif. **8**. as réussi : transitif indirect ; ôter : transitif direct. **9**. fraîchit : intransitif. **10**. cesseront : transitif direct. **11**. grelotter : intransitif ; mets : transitif direct. **12**. déteste : transitif direct ; se précipitent : intransitif.

PAGE 63

1 **1**. C'est ... se déroulera. **2**. ce qui se passe. Ce sont ... ce système. **3**. se demandait ce qui se passerait ... se débarrassait ... ce parasite. **4**. ce que ... ce sujet se trouve ... ce magazine. **5**. s'est promis.

2 **1**. se trouve ... se sont. **2**. se souvenir ... ce nouvel horaire. **3**. Ce type ... se rencontre. **4**. s'était aperçu ... ce mensonge se retournerait. **5**. ce qu'on raconte ? **6**. se serait enfui. **7**. C'est ... se faire. **8**. Ce modèle ne se fait plus. **9**. Ce nouvel ordinateur se vendra. **10**. ce que tu veux.

3 **1**. Ce. se. **2**. C'. s'. **3**. Ce. se. **4**. s'. se. **5**. Ce. se. **6**. C'. s'. **7**. Ce. c'. se. **8**. se. ce. **9**. C'. ce. **10**. Ce. se.

PAGE 65

1 **1**. La presse a communiqué les résultats. **2**. Chaque été les incendies ravagent le Midi. **3**. Un témoin avait identifié le responsable de l'accident. **4**. Le conseil a voté le budget. **5**. Chaque année, les délégués réviseront ou reconduiront le règlement intérieur. **6**. De nombreux clients étrangers nous ont sollicités. **7**. C'est le Premier ministre qui a reçu la délégation. **8**. Votre opérateur vous enverra un mail. **9**. Un de vos collègues a déjà posé la question.**10**. La nouvelle secrétaire a tapé cette lettre en trois exemplaires.

2 **Verbes du 1er groupe** : trouver - donner - parler - aimer - passer - demander - sembler - laisser - rester - penser - regarder - arriver - chercher - porter - entrer - appeler - tomber - commencer - montrer - arrêter - jeter - monter - lever - écouter - continuer - ajouter - jouer - marcher - garder - manquer - retrouver - rappeler - quitter - tourner - crier - songer - présenter - exister - envoyer - expliquer - manger - oublier - rentrer - pousser - occuper - compter - empêcher - travailler - s'écrier - former - oser - rencontrer - répéter - retourner - changer - élever - toucher - espérer - demeurer - éprouver - apporter - pleurer - juger - importer - embrasser - raconter - causer - chanter - cacher - essayer - avancer - poser.
Verbes du 2e groupe : agir - finir.
Verbes du 3e groupe : faire - dire - pouvoir - voir - savoir - vouloir - venir - falloir - devoir - croire - prendre - mettre - tenir - entendre - répondre - rendre - connaître - paraître - sentir - attendre - vivre - sortir - comprendre - devenir - revenir - écrire - reprendre - suivre - partir - mourir - ouvrir - lire - servir - recevoir - perdre - sourire - apercevoir - reconnaître - descendre - courir - permettre - offrir - apprendre - souffrir - valoir - plaire - dormir - apparaître - conduire - craindre - asseoir - produire - aller.

3 **1**. Toutes les gendarmeries ont entendu leur appel. **2**. Les pompiers ont coupé l'eau. **3**. Cette nouvelle pommade a atténué la douleur. **4**. Le gel a paralysé la circulation. **5**. Un petit garçon a rapporté votre portefeuille. **6**. Ses propos ont charmé l'assistance. **7**. La neige nous a surpris au moment de redescendre. **8**. Un voyageur a oublié une valise sur le vol 366. **9**. On refera la terrasse cet été. **10**. les hôtesses distribuent des pochettes parfumées.

4 **1**. L'Académie admet cette nouvelle orthographe. **2**. Vos SMS de félicitations ont touché François. **3**. Les syndicats pressent le ministre d'ouvrir des négociations. **4**. Notre banque débloquera les fonds à la fin du mois. **5**. Le règlement rend obligatoire le port de chaussures de sécurité.

PAGE 67

1 **1**. Il a été surveillé par les douaniers pendant un mois. **2**. Les militaires avaient renversé le gouvernement. **3**. Son petit-fils avait défendu

la vieille dame. **4**. Il sera guéri par l'air de la montagne. **5**. La table est recouverte d'une nappe rose. **6**. La police a pris toutes les précautions. **7**. Les trottoirs sont envahis par les feuilles mortes. **8**. Des nouvelles nous rassureraient. **9**. Deux villes sur la côte ont été détruites par un cyclone. **10**. C'est par son instinct que le chien de chasse est guidé.

2 **1**. Le soir, toute la côte est illuminée par le soleil couchant. **2**. Dans cette île, les jupes sont brodées par les femmes et les paniers sont tressés par les hommes. **3**. Le balcon est recouvert de poussière à cause des travaux. **4**. Son attitude m'étonne beaucoup. **5**. Il est parfaitement secondé par son assistante. **6**. Le pylône a été touché par la foudre. **7**. Les récoltes ont été noyées par la pluie. **8**. Les habitants du quartier ont été réveillés par une alarme. **9**. Dans leur fosse, les lions étaient énervés par la foule. **10**. Chaque minute, des millions d'informations sont traitées par ce site. **11**. Le volcan est surveillé de près par les volcanologues.

3 **1**. Une vaste battue a été effectuée par les gendarmes. **2**. Des sauveteurs diplômés assureront la surveillance des plages. **3**. Une humidité permanente est assurée par l'arrosage automatique. **4**. Chaque année, un arbre de Noël est organisé par l'entreprise. **5**. Le détenu a été aidé dans sa fuite par un complice. **6**. Les médicaments sont testés par des volontaires. **7**. Ce sont des cousins qui l'ont recueilli. **8**. Des remerciements aussi appuyés le gênent certainement. **9**. Sa colère a été déclenchée par la réaction de son fils. **10**. Le jeune poulain a été tiré d'affaire par le vétérinaire.

PAGE 69

1 **1**. Tu fais ... je t'emmène. **2**. Elle sort. **3**. Je vous donne. **4**. Tu ne bouges pas. **5**. Je congèle. **6**. Tu leur envoies. **7**. je me mets. **8**. tu apprécies. **9**. naissent. **10**. m'assois, cela me plaît.

2 **1**. Ils rejoindront. **2**. M. et Mme Joly recevront. **3**. Nous repeindrons. **4**. vous tiendrez. **5**. vous déblaierez ... pourrez-vous. **6**. nous n'irons pas. **7**. Nous connaîtrons.

3 **1**. Il recevra. **2**. Nous passerons. **3**. Je viens. **4**. On ne l'y reprendra pas. **5**. L'avenir appartient ... se lèvent. **6**. Je vous enverrai. **7**. Je jette... je suis à vous. **8**. Si nous ne leur expliquons pas, elles ne sauront pas. **9**. Vous balaierez.

PAGE 71

1 **1**. Le train filait. **2**. Il envisageait. **3**. Ils finissaient. **4**. Nous appréciions. **5**. La ville brillait. **6**. Un mur ... coupait.

2 **1**. Ils n'intervinrent. **2**. Nous bûmes. **3**. Enfin, ils admirent. **4**. J'embrassai ... soulevai ... montai. **5**. Sa proposition séduisit.

3 Il suivait. Il ne savait pas plus ce qu'il allait faire que ce qu'il faisait là. Il commença, il mit ... il alluma, ferma ... se retourna, c'était sinistre. Le Room Service proposait, il pouvait, il pouvait, il pouvait, il tourna, il vit.

PAGE 73

1 **1**. J'ai entendu ce que vous avez dit. **2**. Tu as raté. **3**. ont réussi. **4**. Nous n'avons pas reçu. **5**. Dès qu'il a mis ... s'est emballé. **6**. a recouvert. **7**. Avez-vous essayé. **8**. ont ébloui. **9**. Elle a mis. **10**. Nous avons rejoint.

2 **1**. La sirène avait donné. **2**. Jack était devenu **3**. Nous avions donné **4**. la banque n'avait pas consenti **5**. On avait prévu **6**. il avait parlé ... , m'avait contacté **7**. Elle avait offert **8**. S'il avait remporté **9**. je l'avais déjà lu. **10**. s'était modifié.

3 **1**. Il avait plu. **2**. Elle est allée. **3**. Avez-vous signé. **4**. Nous avions déjà démarré. **5**. J'ai aéré ... j'ai allumé. **6**. si j'avais oublié. **7**. J'ai fait. **8**. nous avons déjà vu. **9**. j'avais pu. **10**. J'ai trouvé/j'avais trouvé. **11**. Il n'avait pas fini. **12**. Nous avons découvert/nous avions découvert. **13**. le bateau avait largué les amarres.

PAGE 75

1 **1**. Dès qu'il fut entré. **2**. Quand ils eurent fini. **3**. Après qu'il eut préparé. **4**. Aussitôt qu'il eut dîné. **5**. Après qu'ils eurent appelé.

2 **1**. Dès que nous aurons pris. **2**. vous aurez passé. **3**. Il aura vécu. **4**. nous aurons eu. **5**. aura refroidi.

3 **1**. ils furent entrés. **2**. j'eus rempli. **3**. j'aurai atteint. **4**. tu auras fini. **5** elle eut remis. **6**. il eut achevé. **7**. vous serez partis. **8**. nous eûmes raconté. **9**. tu ne te seras pas fatigué. **10**. nous aurons parcouru. **11**. il fut sorti. **12**. nous serons arrivés. **13** les alpinistes eurent fait. **14**. nous serons rentrés. **15**. son réveil n'aura pas sonné. **16**. la pluie eut cessé.

PAGE 77

1 **1**. Vous devriez. **2**. Il semblerait. **3**. Connaîtriez-vous. **4**. ils ne s'opposeraient pas.

5. Ma mère s'inquiéterait. **6**. nous pourrions. **7**. Serait-il.

2 **1**. Nous aurions tellement aimé. **2**. J'aurais préféré. **3**. Vous auriez fini. **4**. le rôti aurait brûlé. **5**. j'aurais eu. **6**. Le garagiste aurait dû.

3 **1**. il apprécierait. **2**. Nous aurions mis. **3**. Elle ploierait. **4**. vous arriveriez. **5**. Je louerais. **6**. Le croiriez-vous.

PAGE 79

1 **1**. Avant que tu t'en ailles. **2**. qu'il puisse. **3**. que vous sachiez. **4**. que vous respectiez. **5**. qu'ils veuillent. **6**. que le soleil ne l'éblouisse pas. **7**. que nous rassemblions. **8**. que tu coures, ne ferme. **9**. qu'il soit possible. **10**. qu'il faille.

2 **1**. que cette clause garantisse. **2**. que nous avons. **3**. que vous preniez. **4**. que tu dois. **5**. qu'il fasse. **6**. qu'il a réussi/ qu'il réussira. **7**. qu'il est nécessaire. **8**. que nous devons. **9**. qu'il veuille. **10**. qu'il est.

PAGE 81

1 **1**. qu'ils aient atteint. **2**. qu'ils soient déjà arrivés. **3**. qu'il ne rentrât. **4**. qu'ils pussent. **5**. que le soleil parût. **6**. sans qu'on s'aperçût. **7**. que vous ayez rangé. **8**. qu'elle ait réussi. **9**. Qu'ils aient cru bien faire. **10**. qu'elle fût.

2 **1**. Il ne fut. **2**. que le dossier fût transmis. **3**. Il fit. **4**. Il ne voulut. **5**. Qu'il connût. **6**. qu'il fît. **7**. Elle sut. **8**. que Monsieur X ... eût le temps. **9**. qu'il pût.

PAGE 83

1 **1**. On s'est moqué. **2**. pour observer. **3**. à guetter. **4**. pour inciter ... à acheter. **5**. Nous avons exposé. **6**. Je serai obligé de rester. **7**. Il a exercé ... sans être inquiété. **8**. Vous devrez financer. **9**. avoir essayé il était découragé. **10**. Nous avons accepté ... vous devrez modifier. **11**. pas donner ... sans crier.

2 **1**. As-tu donné à nettoyer ? **2**. qui m'a aidé(e) à changer. **3**. a autorisé. **4**. me prêter, j'ai oublié. **5**. Pour assurer, ont demandé. **6**. prolonger. **7**. rassemblé, et préparé. **8**. Tu n'as pas encore téléphoné, gronder. **9**. avons hésité ... à adopter. **10**. récupérer ... il t'a prêté.

PAGE 85

1 **1**. En descendant. **2**. En observant. **3**. en cherchant. **4**. en se pressant. **5**. En se promenant. **6**. En rentrant. **7**. En s'apercevant.

2 **1**. es fatigant. **2**. sonnantes et trébuchantes. **3**. très influent. **4**. le dossier précédent. **5**. rien d'équivalent. **6**. en convainquant. **7**. est suffocant. **8**. Les valeurs ... provoquant. **9**. tout somnolent.

3 **1**. charmant, exigeant. **2**. parlant. **3**. détergent. **4**. extravagant. **5**. provocants. **6**. excellant/excellente.

PAGE 87

1 **1**. Elle a oublié. **2** les marrons glacés. **3**. les plans que vous avez rangés. **4**. Cette maison a coûté. **5**. la mine d'or qu'il a découverte. **6**. les idées que nous avons défendues. **7**. elle les a décolorés. **8**. qu'on vous a fournis.

2 **1**. défendu. **2**. atteints, valu. **3**. affronté. **4**. trouvée. **5**. recueillie, perchée. **6**. Engagée, démissionné. **7**. aperçue. **8**. évacuées. **9**. entendue. **10**. repris.

PAGE 89

1 **1**. se sont envolées. **2**. Elle est partie. **3**. Ils se sont soignés. **4**. Elles se sont trompées ... se sont rendu compte. **5**. se sont succédé. **6**. Nous nous sommes plaints. **7**. Elle s'est doutée. **8**. Ils se sont disputé. **9**. Elle s'est foulé. **10**. Ils se sont absentés. **11**. Nous nous en sommes sortis. **12**. qu'elle s'est fait faire. **13**. Ils ne se sont plus parlé. **14**. Elles se sont déplu.

2 **1**. qu'elle s'est permise. **2**. Ils se sont tus. **3**. se sont laissé(s) gronder. **4**. Elles se sont soucié de lui. **5**. Les lumières se sont éteintes ... soient sortis. **6**. pour n'être pas reconnues. **7**. Ils se sont parlé ... se sont quittés. **8**. que je ne l'aurai cru. **9**. Elle s'est donné beaucoup de mal ... elle en est récompensée. **10**. Ils sont revenus.

3 **1**. reçue. **2**. cassés. **3**. bue, réconciliés. **4**. ravie, faites, intéressée. **5**. confirmé, tenus. **6**. laissé. **7**. ressemblé. **8**. regardée. **9**. posées. **10**. obtenus, comblés.

4 **1**. servie. **2**. crue. **3**. pu. **4**. témoignée. **5**. séparés, apparue. **6**. dispersés, trouvé, fermées. **7**. fait, demandés. **8**. dominée. **9**. reçu(e)s. **10**. succédé.

PAGE 91

1 **1**. tard. **2**. volontiers. **3**. à nouveau. **4**. longtemps. **5**. souvent, intensément. **6**. doucement, à droite. **7**. peu.

2 Habituellement, prétendument, assurément, poliment, clairement, fatalement, faussement, récemment, bruyamment, différemment, prudemment, décemment, franchement, hautement, fortement, doucement.

3 très, puis, aujourd'hui, jamais.

4 1. paisiblement. 2. argument. 3. tourment.

PAGE 93

1 1. La colère. 2. Patience et longueur de temps. 3. Le ministre de la Culture. 4. Les livres, les cahiers, les crayons, l'encrier. 5. Je. 6. Tout ceci, elle. 7. Ni Claude ni François. 8. Beaucoup. 9. Qui. 10. Quelques-uns, d'autres.

2 1. éblouissaient. 2. se trouvent. 3. ont-ils pris.

3 1. ont envoyé. 2. grondaient. 3. risquent. 4. Je pensais, étiez. 5. avons passé.

4 1. propose. 2. suis. 3. parcourt, se ressemblent. 4. réussira-t-elle ? 5. pourrait.

PAGE 95

1 1. *Déconcerté* : attribut du sujet *vous*. 2. *Gentil, envahissant* : attributs du sujet *chien*. 3. Pas d'attribut. 4. *Reine d'un jour* : attribut du sujet *Aline*. 5. *Difficile* : attribut de l'objet *exercice*. 6. *Muette* : attribut du sujet *elle*. 7. *Apte* : attribut de l'objet *l'*. 8. *Riche*, *comblé* : attributs du sujet *il*. 9. *Originale* : attribut du sujet *idée*. 10. *Directeur* : attribut du sujet *il*. 11. *Ridicule* : attribut de l'objet *manifestation*. 12. *Radieux* : attribut du sujet *Thomas*. 13. *Insupportable* : attribut de l'objet *l'*.

2 1. *Classée* : attribut du c.o.d. *affaire*. 2. Pas d'attribut. 3. Pas d'attribut. 4. *Malade* : attribut du sujet *il*. 5. Pas d'attribut. 6. *Aimable* : attribut du sujet *elle*. 7. *Fatiguée* : attribut du c.o.d. *mère*. 8. *Malade* : attribut du sujet *il*. 9. Pas d'attribut. 10. *Heureux* : attribut du sujet *ils*. 11. Pas d'attribut. 12. *Souffrant* : attribut du sujet *j'*. 13. *Une femme sévère* : attribut du sujet *directrice*. 14. Pas d'attribut. 15. *Mensonge* : attribut du sujet *histoire*.

PAGE 97

1 1. *pièce* : c. d'objet direct. 2. *la voie express* : c. d'objet direct. 3. *une note de synthèse* : c. d'objet direct ; *personnel* : c. d'objet second. 4. *chien* : c. d'objet direct ; *m'* : c. d'objet indirect. 5. *remise exceptionnelle* : c. d'objet indirect ; *ce lot de serviettes* : c. d'objet direct. 6. *Pour l'issue du procès* : c.o.i.

2 1. un pain aux raisins et une brioche : c. d'objet direct. 2. pardon : c. d'objet direct ; ta sœur : c. d'objet second. 3. faire : c. d'objet direct. 4. un petit jardin : c. d'objet direct ; ses roses : c. d'objet indirect. 5. votre article préféré : c. d'objet direct. 6. prendre mon temps : c. o.d.

3 1. Bordeaux transforme l'essai à la dernière minute. 2. Un commerçant arrête un dangereux malfaiteur. 3. On supprime le péage sur l'A13 à hauteur de Franconville. 4. Le gouvernement augmente le prix du carburant en mars prochain. 5. Un seul homme détourne un avion.

PAGE 99

1 1. c. du nom. 2. épithète. 3. c. du nom. 4. apposition. 5. c. du nom. 6. apposition. 7. épithète. 8. épithète. 9. apposition. 10. c. du nom. 11. c. du nom. 12. c. du nom. 13. c. du nom. 14. apposition. 15. épithète. 16. épithète. 17. apposition. 18. c. du nom. 19. c. du nom. 20. épithète. 21. c. du nom. 22. apposition. 23. c. du nom. 24. épithète. 25. épithète.

2 1. apposition. 2. c. du nom. 3. c. du nom. 4. c. du nom. 5. apposition. 6. apposition. 7. apposition. 8. c. du nom. 9. c. du nom. 10. c. du nom. 11. c. du nom. 12. c. du nom. 13. c. du nom. 14. apposition. 15. c. du nom. 16. apposition. 17. c. du nom. 18. apposition. 19. c. du nom. 20. apposition.

PAGE 101

1 1. *Chaque jour* : c. circonstanciel de temps. 2. *à cause du … fête* : c. circonstanciel de cause. 3. *aux larmes* : c. circonstanciel de conséquence. 4. *En raison de la grève* : c. circonstanciel de cause ; *entre 8 heures et midi* : c. circonstanciel de temps. 5. *pour lui proposer de l'aider* : c. circonstanciel de but. 6. *violemment* : c. circonstanciel de manière. 7. *À force de lire* : c. circonstanciel de cause. 8. *sac au dos et foulard au cou* : c. circonstanciel de manière. 9. *Sous l'effet du froid* : c. circonstanciel de cause. 10. *pour avoir détourné des fonds* : c. circonstanciel de cause.

2 1. *avec empressement* : c. circonstanciel de manière. 2. *en un clin d'œil* : c. circonstanciel de temps. 3. *Dimanche prochain* : c. circonstanciel de temps ; *sur l'herbe* : c. circonstanciel de lieu. 4. *du tac-au-tac* : c. circonstanciel de manière. 5. *Depuis … unique* : c. circonstanciel de temps ; *mieux* : c. circonstanciel de manière. 6. *sans rire* : c. circonstanciel de manière. 7. *avec une paire de ciseaux* : c. circonstanciel de moyen.

3 1. cause. 2. cause. 3. conséquence. 4. conséquence. 5. cause.

PAGE 103

1 1. près. 2. près, prêt. 3. près. 4. près. 5. près, prêt. 6. près. 7. près. 8. prêt. 9. prêt. 10. près. 11. près. 12. prêts.

2 1. près de. 2. par le, en. 3. pendant. 4. après. 5. à.

3 1. en, chez, derrière. 2. dans, entre. 3. pour. 4. de. 5. en.

4 pour (ou vers), dès, à, chez (ou avec), sans, avant (ou malgré ou après ou avec).

PAGE 105

1 1. Proposition principale : Le lendemain même ... stupeur. Proposition subordonnée : que le prisonnier avait ... prison. 2. Proposition principale : Il ne put ... révéler. Proposition subordonnée : comment ... possession.

2 1. On vient de nous avertir que tous les vols sont retardés de deux heures. 2. J'ai bien remarqué que vous n'êtes plus aussi élégant depuis quelques semaines. 3. Il range, dans une armoire blindée, les dossiers secrets qu'il a classés par couleur.

3 1. Ma montre m'a été rapportée par un jeune garçon que je n'ai pas revu. 2. Cette histoire, que je n'avais jamais entendue, m'a fait rire. 3. Cette montagne, où un relais de télévision est installé, culmine à 1 200 m.

PAGE 107

1 1. Prendra-t-elle deux comprimés par jour ? Est-ce qu'elle prendra deux comprimés par jour ? 2. Partiront-ils la semaine prochaine ? Est-ce qu'ils partiront la semaine prochaine ? 3. Y a-t-il un pilote dans l'avion ? Est-ce qu'il y a un pilote dans l'avion ? 4. Avons-nous réussi cet examen ? Est-ce que nous avons réussi cet examen ? 5. Ne rit-il jamais ? Est-ce qu'il ne rit jamais ? 6. Se rend-il une fois par semaine à Paris ? Est-ce qu'il se rend une fois par semaine à Paris ? 7. Est-il parti hier ? Est-ce hier qu'il est parti ? 8. Va-t-elle parler ? Est-ce qu'elle va parler ? 9. Était-ce l'année dernière à Vienne ? Est-ce que c'était l'année dernière à Vienne ? 10. Évoque-t-on une démission rapide ? Est-ce qu'on évoque une démission rapide ?

2 1. Les téléspectateurs ont-ils été heureux de le revoir ? 2. Ton frère joue-t-il mieux que moi ? 3. Le facteur est-il parti à midi ? 4. Cette tarte sera-t-elle cuite dans une heure ? 5. Le premier témoin a-t-il été interrogé ? 6. La neige s'est-elle mise à tomber ? 7. Le premier appel a-t-il été lancé comme prévu ? 8. Le chat se plaît-il bien ici ? 9. Le soleil brille-t-il pour tout le monde ? 10. Le cirque est-il enfin arrivé ?

3 1. Quelle. 2. lesquels. 3. qui, quoi. 4. Quelles. 5. laquelle. 6. De qui.

4 1. Comment a-t-il pu s'enfuir ? On ne le sait. 2. « Ce numéro est-il le bon ? », m'informai-je ? 3. Qu'avez-vous prévu ? Je l'ignore. 4. Dites-moi : « Viendrez-vous ? » 5. D'où venait ce chien ? Il ne le savait pas.

5 *Des solutions possibles*

1. La serveuse leur demanda s'ils voulaient du pain coupé ou non. 2. Je voudrais savoir si vous serez là. 3. Allez demander si ce train part à 8 heures précises ou pas. 4. Elle ignore combien de temps durera l'épreuve. 5. L'inspecteur vous demande si vous êtes certain de l'avoir reconnu.

PAGE 109

Des solutions possibles

1 Ne pas se pencher à la fenêtre. Interdiction de jouer avec les serrures. Stopper au feu rouge. Défense de jeter des bouteilles sur la voie. Le chat n'aime pas l'eau.

Des solutions possibles

2 1. Le facteur n'est pas encore passé. 2. Il ne reste pas souvent. 3. Je n'ai guère de patience. 4. Il n'est plus jamais absent. 5. Il n'y a plus guère d'espoir. 6. Il ne fait pas souvent beau. 7. Il n'y a plus d'espoir. 8. Je ne désire pas le rencontrer.

3 1. Imprévisible. 2. Indéfendable. 3. Illisible. 4. Invisible. 5. Irremplaçable. 6. Immortel. 7. Irrecevable. 8. Immangeable. 9. Irresponsable.

4 1. On n'a pas le temps de jouer. 2. On n'a jamais vu ça. 3. On n'a pas une minute à perdre. 4. On n'entend pas souvent de bruit dehors. 5. On n'a jamais besoin des autres. 6. On n'hésite plus à prendre des risques. 7. On n'a pas vu passer de voiture. 8. On n'a plus guère de pain à la maison.

5 1. Ce tableau est inachevé. 2. Votre revendication n'est pas légitime (ou est illégitime). 3. La récompense est imméritée. 4. Le mur est disjoint. 5. Ce commerce est illicite. 6. Ce bien est inaliénable. 7. L'équipe est disqualifiée.

PAGE 111

Des solutions possibles

1 1. Ne te penche pas au dehors. 2. Barrez la mention inutile. 3. Faites cuire le riz à feu doux. 4. Ne stationne pas. 5. Lavez les tomates, ne les pelez pas. 6. Ne dérangeons pas. 7. Pense à écrire en lettres capitales. 8. Prenez la deuxième rue à gauche. 9. Va droit devant.

2 **1**. Ne l'écoute pas. **2**. Ne leur obéissez pas. **3**. Ne nous le donne pas. **4**. Ne le lui dites pas. **5**. N'en n'achète pas. **6**. Ne l'achète pas. **7**. Ne l'appelle pas. **8**. Ne le lui prête pas.

3 Qu'ils s'assoient. Faites-les s'asseoir. Asseyez-vous ! – Qu'il le refasse. Faites-lui refaire. Refais-le ! – Qu'elles dansent. Faites-les danser. Dansez ! – Qu'il revienne. Faites-le revenir. Reviens ! – Qu'ils se sauvent. Faites-les se sauver. Sauvez-vous ! – Qu'elle rame. Faites-la ramer. Rame !

PAGE 113

1 **1**. obteniez. **2**. entra. **3**. s'éteignirent. **4**. revienne. **5**. permettent. **6**. aurez prouvé. **7**. partiez. **8**. reveniez-faut-ait.

2 **1**. Quant. **2**. Qu'en. **3**. Quand. **4**. quand. **5**. qu'en. **6**. Quant. **7**. Quant. **8**. qu'en.

PAGE 115

1 **1**. Le bruit. **2**. Du moment qu'il voit suffisamment. **3**. Approuvée à l'unanimité.

Des solutions possibles

2 **1**. Le match est annulé puisqu'on annonce du mauvais temps. **2**. La cantine sera fermée en raison de la grève du personnel de cuisine. **3**. L'entreprise doit diversifier sa production maintenant que la concurrence est acharnée.

Des solutions possibles

3 **1**. Il marchait lentement parce qu'il boitait. **2**. Et le combat cessa, puisqu'il n'y avait plus de combattants. **3**. Émilie fut élue reine des standardistes parce que sa voix était douce. **4**. Ils ne partent plus en vacances, sous prétexte qu'il y a de plus en plus de cambrioleurs.

Des solutions possibles

4 **1**. Il lui pardonne tout par amour ou par lâcheté. **2**. L'accident a eu lieu du fait de la chaussée glissante. **3**. En raison de la proximité des vacances, faites un peu plus de sport.

PAGE 117

1 **1**. Qu'il s'impatiente. **2**. L'accident de train. **3**. Un retard dans les décollages. **4**. Pour qu'on le reçoive. **5**. Dès lors, la séance peut commencer.

Des solutions possibles

2 **1**. c'est pourquoi. **2**. donc, par conséquent. **3**. aussi. **4**. provoque.

Des solutions possibles

3 **1**. aussi. **2**. vient. **3**. aussi. **4**. entraîne.

PAGE 119

1 **1**. Sans carte. **2**. Quand bien même elle refuserait. **3**. Si j'avais su que tu les aimais tant. **4**. Parfaitement révisé. **5**. À moins d'être malade.

Des solutions possibles

2 **1**. En cas d'absence, ... **2**. À moins d'un très grand froid, nous irons skier. **3**. En contournant Paris, ... **4**. Vous n'êtes pas d'accord ? La loi tranchera. **5**. En cas d'un retard du train, ...

3 **1**. réduisaient. **2**. avais perdu. **3**. arrive. **4**. prenez.

PAGE 121

1 **1**. Pour me réhabituer à la ville. **2**. De façon que la circulation soit plus fluide. **3**. Afin que le bébé ne s'éveillât pas. **4**. Que ces travaux se fassent rapidement. **5**. De manière que tu puisses arriver à l'heure. **6**. Que je voie si elles sont propres.

2 **1**. comprenne. **2**. blessiez. **3**. soit. **4**. puisse. **5**. sache. **6**. soit.

3 **1**. histoire d'. **2**. afin de. **3**. afin de. **4**. histoire de. **5**. afin de. **6**. afin de.

PAGE 123

1 **1**. Même s'il reste courtois. **2**. En dépit de son chagrin. **3**. Encore que je n'aie rien à lui dire. **4**. Même si je devais le regretter un jour. **5**. Malgré l'approche de l'été.

2 **1**. auriez. **2**. ait. **3**. soit. **4**. sache. **5**. soit.

3 **1**. soyons. **2**. se dise. **3**. prétendiez. **4**. reprochât.

4 **1**. Quoi que. **2**. Quoique. **3**. quoi que. **4**. Quoi qu'il. **5**. quoiqu'il. **6**. Quoique. **7**. Quoi que.

5 **1**. Bien qu'. **2**. Quoiqu'il. **3**. Quoi que. **4**. Quand bien même.

PAGE 125

1 **1**. Si. **2**. s'y. **3**. s'y. **4**. si. **5**. s'y.

2 **1**. n'y. **2**. n'y. **3**. ni. **4**. ni, ni.

3 **1**. est. **2**. est, et, est. **3**. et. **4**. est. **5**. est, et.

4 **1**. où. **2**. ou. **3**. Ou, ou. **4**. Où, ou.

5 **1**. si. **2**. Au cas où. **3**. alors que. **4**. Si, afin que. **5**. que.

COMMENT CONJUGUER ?

En vous reportant à la page indiquée vous trouverez un verbe qui suit la même conjugaison.

INDEX

Édition : Judith Ajchenbaum / Laurence Accardo
Coordination artistique : Evelyn Audureau
Maquette : Studio Primart
Maquette de couverture : Evelyn Audureau / Alice Lefèvre

N° d'Éditeur : 10166644 – FAP – août 2010
Imprimé en France par SEPEC